La magia de la astrología

La magia
de la astrología

Lo que tu signo del zodíaco dice de ti
(y de las personas que te rodean)

Jessica Allen

KEPLER

Argentina - Chile - Colombia - España
Estados Unidos - México - Perú - Uruguay

Título original: *The Magic of Astrology*
Editor original: Driven, an imprint of Zeitgeist™,
a division of Penguin Random House LLC, New York
Traducción: Rocío Acosta

Copyright © 2021 *by* Penguin Random House LLC
© de la traducción 2024 *by* Rocío Acosta
Diseño del libro: Rachel Marek
Créditos de las imágenes: Shutterstock
All Rights Reserved
© 2024 *by* Urano World Spain, S.A.U.
Plaza de los Reyes Magos, 8, piso 1.º C y D – 28007 Madrid
www.edicioneskepler.com

ISBN: 978-84-16344-93-2
E-ISBN: 978-84-10159-43-3
Depósito legal: M-9.880-2024

Fotocomposición: Urano World Spain, S.A.U.

Impreso por: LIBERDÚPLEX
Ctra. BV 2249 km 7,4 – Polígono Industrial Torrentfondo
08791 Sant Llorenç d'Hortons (Barcelona)

Impreso en España - *Printed in Spain*

Para Garrett: mi sol, mi luna
y todas mis estrellas.

Contenido

Introducción

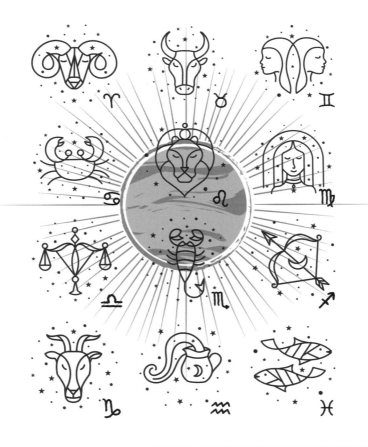

Los signos astrológicos

Ahora mismo, mientras lees estas palabras, acaba de nacer un bebé en alguna parte del mundo. Según la astrología, la posición exacta del Sol, la Luna, los planetas y otros cuerpos celestes en este preciso instante, nos puede dar información sobre el tipo de persona que será ese bebé, lo que le gustará y lo que no, e incluso cómo podrá ganarse la vida. Quizás nos recuerde a la clarividencia, pero la magia de la astrología no trata tanto de predecir el futuro como de poder vernos a nosotros mismos con claridad y aprender más sobre quiénes somos.

En las distintas culturas existen sistemas astrológicos, pero todos ellos comparten la creencia de que podemos obtener un buen conocimiento sobre las personas a partir de la ubicación de los cuerpos celestes en el momento de su nacimiento.

El Zodíaco de la astrología occidental consiste en doce signos. Si bien son muchos los factores que te convierten en la persona especial que eres, en la astrología, el elemento más importante para tener en cuenta es el signo del Zodíaco o signo solar. Cuando alguien te pregunta: «¿De qué signo eres?», se está refiriendo a eso.

Cada signo recibe el nombre de una constelación, a través de la cual el Sol parece moverse durante un cierto periodo de tiempo a lo largo del año. A cada uno le corresponde un elemento (fuego, tierra, aire o agua), y también tienen días de la suerte, aromas preferidos, gemas especiales, animales simbólicos y mucho más. Los signos con un mismo elemento suelen tener algunas similitudes y el potencial para volverse buenos amigos.

La astrología a lo largo del tiempo

Hace mucho que las personas confían en el cielo nocturno para entender su vida. Hace más de treinta mil años, nuestros antepasados de la Edad de Piedra marcaban las fases de la Luna sobre huesos, mientras que los marineros del hemisferio norte se guiaron por la estrella polar durante milenios.

En todas las épocas y culturas, las personas observaron patrones y formas que brillaban en los cielos (a los que llamamos «constelaciones») y contaron historias sobre lo que veían.

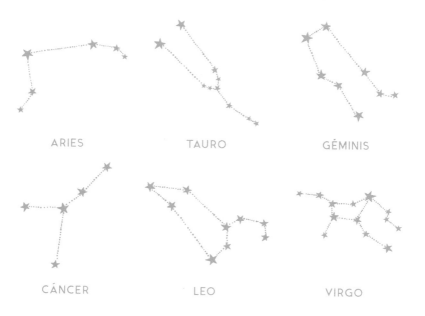

ARIES

TAURO

GÉMINIS

CÁNCER

LEO

VIRGO

Esas interpretaciones adquirieron poderes predictivos. Hacia el 1.500 a. C., en Mesopotamia, los sacerdotes babilonios habían dividido el cielo en doce partes. Cada parte del Zodíaco recibió un nombre y se les asignaron ciertos símbolos, colores y características. Los dioses estaban relacionados con el Sol, la Luna y los planetas. Después de que Alejandro Magno conquistara esas tierras en el 331 a. C., los griegos adoptaron el sistema astrológico babilonio e incorporaron elementos de Egipto.

Durante cientos de años, la astrología estuvo muy vinculada a la religión y la política. Los emperadores romanos estudiaban los horóscopos de sus enemigos y recurrían a los astrólogos para identificar fechas favorables para sus ataques. En el Renacimiento, algunos papas católicos consultaban con sus propios astrólogos, al igual que la reina Isabel. Shakespeare menciona la astrología en sus obras.

La astrología perdió popularidad durante los siglos XVII y XVIII, época conocida como «la Ilustración».

LIBRA   ESCORPIO   SAGITARIO

CAPRICORNIO   ACUARIO   PISCIS

Pero, por supuesto, la astrología nunca desapareció. Por el contrario, se expandió para incorporar nuevos planetas, como Urano y Neptuno, ya que fueron descubiertos en los siglos XVIII y XIX. Hacia la década de 1960, la astrología volvió a popularizarse gracias a una generación de personas curiosas que buscaban respuestas sobre su lugar en el mundo.

Hoy en día, la astrología es una de las tantas herramientas que tenemos para ayudarnos a descubrir lo que significa ser nosotros mismos y también para valorarlo.

El rol de los planetas

Al igual que el Sol en nuestro sistema solar, el signo solar representa nuestro centro o esencia. Es el indicador más poderoso de la personalidad. No obstante, también nos afectan los planetas y la relación que hay entre ellos.

Los planetas representan las motivaciones, las influencias y los enfoques. (En astrología, ten en cuenta que «planeta» se refiere a «cuerpo celeste», que puede ser la Luna, una estrella o un planeta menor). Al moverse por el Zodíaco, dejan una huella en nuestra vida.

Se dice que cada signo está regido por, al menos, un planeta. Dicho de otra forma: si bien todos los planetas afectan a todos los signos, un planeta determinado tiene una relación especial con un signo por lo menos. Durante el periodo de ese signo, el planeta estará en su punto más fuerte e influyente.

El rol de las casas

Junto con los doce signos del Zodíaco, la astrología tiene doce casas, que supervisan distintas partes de la vida de una persona, como el dinero o la amistad. Cada casa está regida por un signo, y la casa y su signo regente comparten ciertas características.

PLANETA	SÍMBOLO	EFECTO E IMPACTO	SIGNO ZODIACAL ASOCIADO
Sol	☉	Esencia	Leo
Luna	☽	Emociones, instinto, cuidado	Cáncer
Mercurio	☿	Comunicación, intelecto, reflexión	Géminis y Virgo
Venus	♀	Belleza, amor, placer	Libra y Tauro
Marte	♂	Acción, agresión y energía	Aries y Escorpio
Júpiter	♃	Objetivos, suerte, optimismo	Piscis y Sagitario
Saturno	♄	Límites, disciplina	Acuario y Capricornio
Urano	♅	Innovación, originalidad	Acuario
Neptuno	♆	Sueños, percepción, espiritualidad	Piscis
Plutón	♇	Crecimiento, poder, transformación	Escorpio

Tu carta astral te ofrece un mapa completo del momento de tu nacimiento, incluida la presencia o ausencia de planetas en las distintas casas. Para obtener tu carta astral, necesitarás saber la hora y el lugar exactos donde naciste, pero los astrólogos pueden hacer ajustes si no tienes los datos concretos. (Hay muchos sitios web en internet que calculan la carta astral de manera gratuita, como carta-natal.es).

Tener un planeta en una casa determinada en el momento de nacer puede aportar distintas facetas a tu signo solar, o puede determinar áreas de interés o de importancia para ti.

CASA	SIGNO REGENTE	INTERESES PRINCIPALES
Uno	Aries	Apariencia y personalidad, comienzos
Dos	Tauro	Dinero
Tres	Géminis	Comunicación
Cuatro	Cáncer	Familia y hogar
Cinco	Leo	Creatividad y diversión
Seis	Virgo	Salud y bienestar
Siete	Libra	Relaciones
Ocho	Escorpio	Transformaciones, incluidos el nacimiento y la muerte
Nueve	Sagitario	Viajes y aventuras
Diez	Capricornio	Carrera
Once	Acuario	Amistad y sociedades
Doce	Piscis	Devoción y servicio, finales

Una casa sin un planeta sigue siendo parte de tu vida, pero quizás no sea tan relevante como una que sí lo tenga. En algunas casas puede haber más de un planeta. Cuantos más planetas haya en una casa, más importante será esta.

Además de la posición de los planetas, tu carta astral te indicará tu ascendente o el signo que estaba en la cúspide de tu Casa Uno en el momento de nacer. Es llamado «signo ascendente» porque estaba ascendiendo en el horizonte oriental cuando naciste. Saber el ascendente te puede dar pistas sobre tu personalidad, sobre todo si alguna vez no te sentiste alineado con tu signo solar. Dado que está asociado con la Casa Uno, tu ascendente habla sobre tu personalidad y cómo te perciben los demás.

La astrología y tú

La astrología puede ayudarte a desarrollar tus fortalezas y enfrentarte a tus desafíos personales. Es una herramienta para mirar hacia adentro y descubrir quién eres, y cómo puedes crecer como persona. Te muestra una manera de reflexionar sobre tus relaciones y encontrar inspiración para tu futuro. Es realmente mágica.

Además de ayudarte a revelar ciertos aspectos de tu personalidad, la astrología te puede guiar para que comprendas mejor tu cuerpo. Cada signo está asociado con un órgano, un sistema biológico, una parte del cuerpo o un grupo muscular. Tener en cuenta las conexiones entre los signos y las áreas corporales nos da una conciencia más detallada de los componentes físicos y psicológicos de la astrología durante toda nuestra vida.

Recuerda que siempre debes hacerte controles de salud rutinarios y consultar con un médico en caso de tener alguna preocupación o duda.

El cuerpo zodiacal

SIGNO	PARTE DEL CUERPO ASOCIADA
Aries	Rostro, cabeza
Tauro	Cuello, garganta, cuerdas vocales
Géminis	Brazos, manos, pulmones, sistema respiratorio
Cáncer	Pecho, corazón
Leo	Columna, espalda alta
Virgo	Sistema digestivo
Libra	Riñones, espalda baja
Escorpio	Sistema reproductor, órganos sexuales
Sagitario	Caderas, hígado, muslos
Capricornio	Huesos, articulaciones, dientes
Acuario	Tobillos, sistema circulatorio
Piscis	Pies, sistema inmune, sistema linfático

Guía rápida sobre los signos del Zodíaco

Como verás en los próximos capítulos, los doce signos son complejos. Sin embargo, esta guía rápida te ayudará a comprenderlos.

SIGNO	FECHAS	ELEMENTO	¿QUÉ LO DEFINE?	¿QUÉ LE FALTA?
Aries	21 mar – 19 abr	Fuego	Acciona	Paciencia
Tauro	20 abr – 20 may	Tierra	Obtiene	Cambio
Géminis	21 may – 20 jun	Aire	Habla	Calma
Cáncer	21 jun – 22 jul	Agua	Cuida	Confianza
Leo	23 jul – 22 ago	Fuego	Actúa	Humildad
Virgo	23 ago – 22 sep	Tierra	Sirve	Descanso
Libra	23 sep – 22 oct	Aire	Equilibra	Decisión
Escorpio	23 oct – 21 nov	Agua	Desea	Sinceridad
Sagitario	22 nov – 21 dic	Fuego	Deambula	Tacto
Capricornio	22 dic – 19 ene	Tierra	Se esfuerza	Diversión
Acuario	20 ene – 18 feb	Aire	Inventa	Emoción
Piscis	19 feb – 20 mar	Agua	Siente	Límites

La rueda del Zodíaco

Todos los aspectos de la rueda del Zodíaco revelan un elemento vital respecto a cada signo solar.

SÍMBOLO
DEL SIGNO

ELEMENTO
PRINCIPAL DEL SIGNO

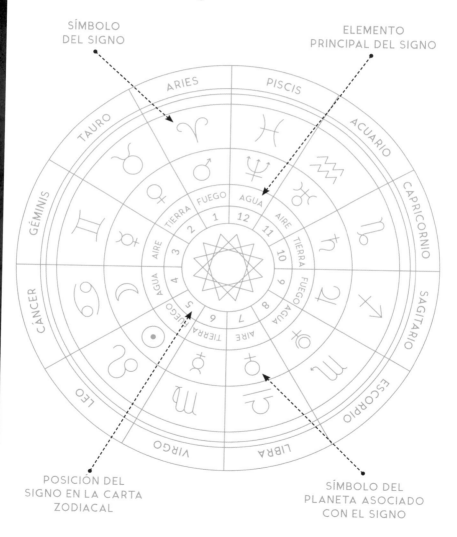

POSICIÓN DEL
SIGNO EN LA CARTA
ZODIACAL

SÍMBOLO DEL
PLANETA ASOCIADO
CON EL SIGNO

Cómo usar este libro

Para entender el Zodíaco, es preferible empezar por Aries y luego leer el resto del libro. Pero no es necesario que sigas un orden determinado. Puedes ir directamente a tu signo zodiacal, o leer alguna sección en particular para aprender más sobre una persona importante en tu vida. Cada capítulo aborda varios aspectos de los signos, desde la salud y el bienestar hasta los amigos y la familia, así como los lugares que deberías visitar, haciendo hincapié en los rasgos más notables de cada uno.

La astrología ofrece un conocimiento valioso sobre nuestras personalidades y preferencias. Sin embargo, como somos criaturas complejas, tenemos muchas características propias y nuestras experiencias únicas nos influyen. Quizás no concuerde contigo o te sorprenda la descripción de tu signo. ¡Está bien! De todas formas, puedes usar este libro para profundizar en el conocimiento sobre ti mismo y los que te rodean, al considerar las distintas características como tendencias o probabilidades, en lugar de verdades absolutas. Todos tenemos la capacidad de elegir cómo interactuamos con el mundo. Nada es definitivo.

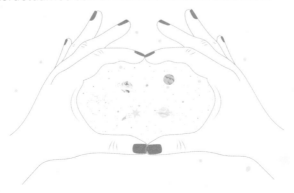

¿Qué pasa si estás en la cúspide?

Si tu cumpleaños cae dos o tres días antes de que acabe un signo o después de que empiece el siguiente, se considera que estás en la cúspide de dos signos. La mejor manera de descubrir tu signo zodiacal es que te hagan una carta astral. En realidad, quizá sientas que tienes elementos de ambos signos, por lo que te podría ayudar aprender sobre los dos signos que abarcas.

Fechas en la cúspide

Aries-Tauro: 16/4-22/4

Tauro-Géminis: 17/5-23/5

Géminis-Cáncer: 17/6-23/6

Cáncer-Leo: 19/7-25/7

Leo-Virgo: 19/8-25/8

Virgo-Libra: 19/9-25/9

Libra-Escorpio: 19/10-25/10

Escorpio-Sagitario: 18/11-24/11

Sagitario-Capricornio: 18/12-24/12

Capricornio-Acuario: 16/1-22/1

Acuario-Piscis: 15/2-21/2

Piscis-Aries: 17/3-23/3

Wheel diagram of zodiac signs with date ranges:

- ARIES / TAURO — ABR 16–ABR 22
- PISCIS / ARIES — MAR 17–MAR 23
- ACUARIO / PISCIS — FEB 15–FEB 21
- CAPRICORNIO / ACUARIO — ENE 16–ENE 22
- SAGITARIO / CAPRICORNIO — DIC 18–DIC 24
- ESCORPIO / SAGITARIO — NOV 18–NOV 24
- LIBRA / ESCORPIO — OCT 19–OCT 25
- VIRGO / LIBRA — SEP 19–SEP 25
- LEO / VIRGO — AGO 19–AGO 25
- CÁNCER / LEO — JUL 19–JUL 25
- GÉMINIS / CÁNCER — JUN 17–JUN 23
- TAURO / GÉMINIS — MAY 17–MAY 23

Aries

EL CARNERO

21 de marzo – 19 de abril

Todo sobre Aries

Las personas nacidas bajo el signo de Aries son líderes natos y con ideas propias, y lo abordan casi todo con ambición. Ese dinamismo hace que no toleren a quienes se interponen en su camino. Después de todo, este signo está vinculado a Marte, el dios romano de la guerra, y su símbolo es el carnero. La confrontación no es un problema para Aries.

Para ser tan desafiante, es necesario tener confianza y valentía, y Aries tiene ambas en abundancia, además del coraje que proviene de sus convicciones. No tiene dificultades para defender sus creencias (y, si es necesario, luchar por ellas). Como es el primer signo del Zodíaco, Aries adora los nuevos comienzos, abrirse camino y triunfar. En realidad, este signo es uno de los más competitivos y audaces. Esa combinación hace que Aries pueda dar la impresión de que tiene una actitud egocéntrica.

Apasionado, extrovertido y enérgico, Aries disfruta de la acción. Pero no tanto de la predictibilidad, la estabilidad y la rutina. Puede tener problemas para terminar lo que empieza, pero rebosa confianza y visión. Como resultado, Aries inspira y motiva a muchas personas en todo tipo de situaciones. Un equipo con una persona de Aries al mando es imparable.

Cosas en las que Aries es muy bueno

A las personas de Aries, lo que les importa es la acción. Se ponen objetivos, toman el mando y valoran los desafíos. No evitan las peleas, lo que los convierte en grandes defensores, activistas comprometidos y líderes fuertes.

Maneras en que Aries puede esforzarse

Detenerse para reflexionar le resulta muy difícil a alguien tan activo como Aries. Pero, a veces, al dar un paso atrás se puede ver mejor el camino que hay por delante.

Fortalezas y debilidades

FORTALEZAS	DEBILIDADES
◎ Animado/a	◎ Agresivo/a
◎ Valiente	◎ Discutidor/a
◎ Seguro/a	◎ Temeroso/a
◎ Osado/a	◎ Impaciente
◎ Dinámico/a	◎ Impulsivo/a
◎ Sincero/a	◎ Dogmático/a
◎ Apasionado/a	◎ Temperamental

ELEMENTO

Fuego

REGIDO POR

Marte

COLORES

Morado, rojo, ladrillo

GEMAS Y MINERALES

Amatista, diamante, granate

ANIMALES E INSECTOS

Hormiga roja, halcón,
carnero,
gato montés

PLANTAS Y FLORES

Caléndula, alegría del hogar,
afelandra

FAMOSOS DE ARIES

Lady Gaga, Yayoi Kusama,
Lil Nas X, Colin Powell, Paul Rudd,
Kristen Stewart, Vincent van Gogh,
Reese Witherspoon

Amistad y familia

Si bien son independientes y seguros, las personas del signo Aries muestran una gran devoción por sus seres queridos. Sus amigos admiran su motivación, fortaleza interior y audacia. Al estar lleno de fuego, Aries jamás será un compañero aburrido.

Al igual que el carnero, su animal en el Zodíaco, Aries puede ser un cabeza dura. Es demasiado sincero, lo que puede aislarlo de aquellos que prefieren un comportamiento con mayor tacto. Otros adoran lo poco pretensioso que es y su predisposición a decir las cosas tal como son.

Aries confía en sí mismo y tiene mucha fe en sus propias opiniones. Esta actitud puede traerle problemas cuando se trata de llegar a un acuerdo o aceptar la autoridad de otro. Pero todos, incluso el temperamental Aries, debemos acatar las órdenes de otro de vez en cuando. Para los de Aries, que suelen ser tercos, vale la pena recordar que seguir el consejo de alguien no es señal de debilidad.

Cómo llevarse bien con Aries

- ◎ Disfrutar de las aventuras (¡no seas aburrido/a!).
- ◎ Darle espacio y animarlo a ser independiente.
- ◎ Responder rápido a los mensajes (¡no lo hagas esperar!).

Signos con los que Aries se lleva bien

Acuario
Géminis
Leo
Sagitario

Signos que no entienden a Aries

Cáncer
Capricornio
Libra

El día a día

Con tanto afán, a Aries le gusta levantarse y hacer cosas. Empieza el día corriendo (a veces, literalmente), cargado de impulso y propósito, y se mantiene al día con las últimas tendencias.

Aries prefiere abordar pequeñas partes de varios proyectos a la vez. Este signo prospera bajo presión, a velocidad y a paso rápido. No esperes que se quede en un lugar o haciendo una sola tarea durante mucho tiempo.

Este signo disfruta reuniéndose a almorzar con amigos, sobre todo si el restaurante se inauguró hace poco y es popular, y no dudará en pagar la cuenta. Por amor a la novedad, las personas de Aries prefieren charlar sobre los eventos actuales a recordar los viejos tiempos. Y, con una opinión para todo, tienden a aconsejar, aunque no se lo hayan pedido.

¡Pobre de la persona que atrase la fila en el supermercado o que salga de la autopista demasiado despacio! Este signo espera que todos, y todo, tengan el mismo nivel de seguridad e intensidad que él o, por lo menos, que se quiten de su camino.

Día de la suerte	Número de la suerte
Martes	9

Actividades que Aries disfruta

- Capoeira
- Carreras de coches o motos
- Tocar la batería
- Deportes extremos, como el motocross, el yoga físico y el paracaidismo

Cosas que desafían a Aries

- Ambigüedad
- Ser ignorado
- Acabar segundo
- Meditación y *mindfulness*
- Imprecisión
- Perder el tiempo

De local y de visitante

Siendo propenso a la inquietud, Aries no tiene el instinto nato de la pereza. En casa, le gusta estar igual de ocupado que en cualquier otro lugar. Es más probable que encuentres a Aries redecorando la habitación o recolocando los libros que pasando el rato relajándose. Por eso, su hogar suele ser muy cambiante y limpio.

La personalidad intrépida y entusiasta de las personas de Aries los vuelve excelentes compañeros de viaje, siempre y cuando no te quedes demasiado tiempo en un mismo lugar. Se toman con calma los retrasos y las pérdidas del equipaje, y no les importa viajar sin un plan concreto. Lo que más les importa es salir y embarcarse en una aventura.

Siguiendo la línea de su amor por los riesgos y la obsesión por lo nuevo, Aries disfruta explorando y conociendo lugares poco visitados. Un paseo guiado, en el que se espera que absorba información sobre un lugar de manera pasiva, lo aburrirá, a menos que incluya alguna actividad aventurera o física, como ciclismo o senderismo.

¿Dónde se siente Aries como en casa?

Este signo de fuego prospera en climas cálidos y áridos, como en el desierto. Acampar en zonas silvestres o viajar a destinos remotos resulta atractivo a su personalidad aventurera.

Maneras de diseñar tu espacio para alinearte con Aries

◎ Incorporar colores intensos: la vibración general debe ser exagerada o, incluso, valiente.
◎ Mezclar patrones.
◎ Encender la chimenea o velas para transmitir la pasión de Aries.

Lugares a los que Aries debe viajar

◎ Alice Springs y Uluru, Australia
◎ Buenos Aires, Argentina
◎ Capadocia, Turquía
◎ Florencia, Italia
◎ El Gran Cañón, Arizona, Estados Unidos
◎ Nashville, Tennessee, Estados Unidos
◎ Parque Nacional Costa de los Esqueletos, Namibia

Salud y bienestar

El ejercicio intenso impulsa a Aries, llenándolo de más energía. Aún mejor si la actividad incluye algún elemento de riesgo o peligro, como el ciclismo de montaña o la escalada. Este signo tiene mucha adrenalina y no parece que necesite descansar tanto como otros, aunque debe recordar que dormir bien lo ayudará a tomar buenas decisiones durante sus aventuras.

El impulso constante por hacer y actuar le provoca estrés y tensión. También puede causarle agotamiento laboral. Tomarse tiempo para relajarse y rejuvenecerse es fundamental, aunque a Aries le resulte difícil.

Los masajes faciales y craneales y la acupuntura pueden obligar a Aries a bajar la velocidad un ratito e, incluso, aliviar algún dolor de cabeza, migraña o sinusitis, a los cuales es propenso.

Cosas que nutren a Aries

Aries disfruta especialmente de las comidas picantes y los sabores intensos. Una persona de este signo casi nunca se negaría a comer carne, pero aquellos que sean vegetarianos pueden compensarlo con un buen plato de queso halloumi o setas portobello asadas. Ir a una sauna o darse un baño caliente estimula la pasión innata de Aries por la vida, mientras que un masaje craneal puede ayudarlo a calmar su nervioso cerebro.

Maneras favoritas de estar activo

Boxeo, esquí alpino, judo, artes marciales mixtas (MMA), ciclismo de montaña, escalada, correr

Dolencias y lesiones para tener en cuenta

Agresión, fatiga ocular, cefaleas y migrañas, dolor mandibular, ataques de pánico, sinusitis

Esencias y aceites esenciales

Bergamota, clavo de olor, olíbano, kunzea, neroli, romero

Tauro

EL TORO

20 de abril – 20 de mayo

Todo sobre Tauro

Tauro entiende el arte de vivir. Este signo valora la belleza y el placer, desde un postre rico y cremoso hasta una canción que haga mover las caderas y una manta aterciopelada y pesada. «La vida es buena» podría ser el lema de Tauro.

Sin embargo, Tauro sabe que la buena vida requiere trabajo. Las personas de este signo son trabajadoras, decididas y comprometidas. Una vez que hacen un plan o eligen una línea de acción, no hay opción para las discusiones o los desvíos. Si bien esta concentración ayuda a Tauro a alcanzar sus objetivos, también da lugar a una gran terquedad. A este signo no le gustan los cambios.

No verás a Tauro siguiendo las últimas tendencias o haciendo un esfuerzo para encajar. Al contrario, se siente cómodo y seguro tal como es. Su confianza resulta magnética por naturaleza y está equilibrada con su lado práctico y terrenal.

Los Tauro adoran sus cosas y prefieren sus pertenencias a tener experiencias. Tienen un excelente ojo para detectar la calidad. Estar rodeados de cosas bonitas los hace felices. Los ayuda a sentirse seguros. Sin embargo, su deseo de acumular genera una dificultad para soltar. Por desgracia, eso puede traer rencores. Aprender a perdonar y olvidar puede llevarle a Tauro toda una vida.

Cosas en las que Tauro es muy bueno

Tauro tiene un gusto excelente y un exigente aprecio por la belleza. Puedes confiar en sus recomendaciones sobre arte, moda, comida, música y cuidados de lujo. Este signo también tiene un don para ganar y ahorrar dinero.

Maneras en que Tauro puede esforzarse

Tauro debe aprender a soltar. Este signo siente seguridad al poseer cosas. Cree que más siempre es mejor. Tiene problemas para reconocer cuándo es hora de decir adiós, ya sea a un objeto que ya no le gusta o a un plan que dejó de tener sentido.

Fortalezas y debilidades

FORTALEZAS	DEBILIDADES
◎ Confiable	◎ Codicioso/a
◎ Decidido/a	◎ Hedonista
◎ Con los pies en la tierra	◎ Inflexible
◎ Amable	◎ Inseguro/a
◎ Fiable	◎ Resentido/a
◎ Estable	◎ Terco/a
◎ Cálido/a	

ELEMENTO

Tierra

REGIDO POR

Venus

COLORES

Verde, rosa claro

GEMAS Y MINERALES

Esmeralda, malaquita, cuarzo rosa

ANIMALES E INSECTOS

Oso, toro, perro, perezoso

PLANTAS Y FLORES

Filodendro de hoja de corazón, azucena, tomillo

FAMOSOS DE TAURO

Jessica Alba, David Beckham,
Dwayne Johnson, Lizzo,
Jerry Seinfeld, William Shakespeare,
Barbra Streisand, Kenan Thompson

Amistad y familia

¿Estás triste? Recurre a una persona de Tauro. Estos amigos afectuosos están listos para darte una palabra de aliento o un abrazo de oso, y nunca te decepcionarán. Equilibrado y estable, de temperamento tranquilo y agradable, este signo es un gran compañero para pasar el rato mirando la televisión. Pero prepárate para encargarte de la limpieza, porque es probable que Tauro esté demasiado cómodo para hacerlo.

Más allá de los abrazos y las ganas de acurrucarse, Tauro no es manipulable. Con amigos y familia, puede ser obstinado, sobre todo cuando las ideas del otro entran en conflicto con sus planes. Los berrinches en los niños de Tauro pueden convertirse en periodos de enfado en los adultos. Si los presionan o provocan demasiado, las personas de este signo pueden embestir para defenderse al igual que un toro.

Cómo llevarse bien con Tauro

- ◎ Ser hogareño/a.
- ◎ Seguir el plan (déjate llevar por la corriente de Tauro).
- ◎ Hacer regalos bonitos.
- ◎ Ofrecerte para limpiar.

Signos con los que Tauro se lleva bien

Cáncer
Capricornio
Piscis
Virgo

Signos que no entienden a Tauro

Acuario
Leo
Escorpio

El día a día

En general, dormir hasta tarde no funciona para Tauro, a pesar de la reputación que tiene de tomarse su tiempo antes de empezar nada. Después de una sesión de entrenamiento, que puede consistir en (1) una combinación de ejercicios aeróbicos y musculación, o (2) una rutina de larga data, Tauro se da un largo baño. Usará bombas de baño, un montón de aceites esenciales y quizás una mascarilla.

Un verdadero Tauro no tiene problema para quedarse todo el día en casa, pasando el rato, organizando y admirando sus exquisitas pertenencias. También puedes esperar que, directamente, no esté haciendo nada. Tauro hace su trabajo y otras tareas con lentitud, de manera constante y con esmero, y deja suficiente tiempo para dedicarse al autocuidado. ¿Para qué apresurarse?

A las personas de Tauro les gusta comprar, sobre todo en tiendas físicas de lujo, donde pueden tocar los productos antes de llevárselos. También las encontrarás visitando museos de arte, asistiendo a conciertos y profundizando, en general, en su interés por la cultura. Al final del día, los Tauro disfrutan de lo que ven y oyen durante una exquisita y larga comida.

Día de la suerte	Número de la suerte
Viernes	10

Actividades que Tauro disfruta

- Coleccionar arte
- Cocinar y hornear
- Hacer joyería
- Tocar música y cantar
- Salir de compras
- Ir al *spa* y hacer rutinas de autocuidado

Cosas que desafían a Tauro

- Austeridad
- Cambio
- Consenso
- Negación
- Inconstancia
- Ir demasiado rápido
- No tener «suficiente»

De local y de visitante

Para algunos signos, «hogareño» podría ser casi un insulto. No sucede así con Tauro, que adora quedarse en casa y se siente muy seguro rodeado de sus pertenencias materiales. La casa de un Tauro es un lugar acogedor y tranquilo, con velas, mantas, libros de arte y muebles de lujo que piden a gritos que holgazanees en ellos.

Tauro tiende a acumular y podría beneficiarse de reducir y descartar objetos con regularidad, por más doloroso que le resulte hacerlo. Por su amor a los tratamientos de *spa* en casa y las rutinas de cuidado de la piel, es probable que su baño, en particular, necesite una reorganización.

Cuando viaja, Tauro prefiere tomarse su tiempo, ya sea para explorar un museo famoso o caminar por el bosque. Como planificador nato, este signo disfruta siguiendo un itinerario y le encantan los eventos organizados. En cuanto a qué lugares ir, el lujo y la comodidad son dos factores clave.

¿Dónde se siente Tauro como en casa?

El destino que visita Tauro es menos importante que el lugar donde se hospeda y el tipo de servicios que encontrará allí. A este signo le gusta el aire libre, pero disfruta más de la naturaleza en un *camping* de lujo o desde el mirador de un *spa* de nivel.

Maneras de diseñar tu espacio para alinearte con Tauro

◎ Equilibrar las paredes color crema con toques en tonos tierra.
◎ Incorporar muchas texturas para satisfacer su amor por el tacto.
◎ Exhibir colecciones u objetos de arte.
◎ Plantar un huerto interior de hierbas aromáticas.

Lugares a los que Tauro debe viajar

◎ Banff, Canadá
◎ Ciudad del Cabo, Sudáfrica
◎ Goa, India
◎ París, Francia
◎ San Juan, Puerto Rico
◎ Sonoma, California, Estados Unidos
◎ Toscana, Italia

Salud y bienestar

La buena salud para este perseverante signo no solo significa establecer objetivos, sino también insistir hasta que se
llegue a la meta, ya sea dominando un deporte nuevo o
alcanzando otro récord de sentadillas. Tauro tiende a ser fuerte.

Como criatura carnal, este signo adora los platos deliciosos
y saciantes. Se comerá todo un plato de pasta y luego uno de
tiramisú. A veces, está bien darse esos placeres, sin embargo,
caer en el exceso, algo que es costumbre en Tauro, puede generar aletargamiento. Para estar en su mejor forma, le resultaría
conveniente enfocarse en la moderación y la consciencia plena.

Para combatir cualquier tendencia a la holgazanería y evitar
que se estanque, este signo debería optar por listas de repro-
ducción musicales divertidas y cargadas de energía para entre-
nar. También le gusta usar ropa deportiva de alta gama.

Cosas que nutren a Tauro

Para Tauro, la belleza del mundo es una especie de lujo. Una cami-
nata, acompañada por los sonidos de la naturaleza o música, le
colma el alma, y tras beber un batido de frutas tropicales, puede
sentir el placer sano que tanto anhela.

Maneras favoritas de estar activo

Entrenamiento militar, ciclismo, *geocaching*, golf, levantamiento de pesas y fisicoculturismo

Dolencias y lesiones para tener en cuenta

Resfriados, otitis, inseguridad, laringitis, resentimiento, enfermedades de la tiroides

Esencias y aceites esenciales

Ámbar, madreselva, magnolia, pachuli, vainilla, ylang-ylang

Géminis

LOS GEMELOS

21 de mayo – 20 de junio

Todo sobre Géminis

Géminis, el tercer signo del Zodíaco, está representado por los gemelos. Pero, en lugar de tener dos caras o ser embusteros, es un especialista en la multitarea, ya que puede ser (y hacer) muchas cosas a la vez. Las personas nacidas bajo este signo tienen infinitos intereses, amigos e ideas de las que adoran hablar. Prepárate para que te cautive.

No es una sorpresa que los animales e insectos del alegre Géminis incluyan a los pájaros y las mariposas. Este signo social adora ir de reunión en reunión y de grupo en grupo, llevando una energía positiva y extrovertida a donde vaya. Además de ser un generador de contactos de primera clase, es un excelente comunicador. Es carismático, elocuente y amigable, con tendencia a gesticular con las manos al entusiasmarse por su última pasión. Bendecido con el don de la conversación, nunca rechazará la oportunidad de resolver las cosas hablando.

Géminis posee una mente brillante y una curiosidad que parece no tener límites. A pesar de la fama de su constante sociabilidad y parloteo, es bastante intelectual y le encanta intercambiar ideas. Al igual que un gorrión que monta su nido, Géminis recolecta y almacena información. Se siente atraído por lo nuevo y tiene poca paciencia para lo rutinario, el rigor o cualquier cosa aburrida.

Cosas en las que Géminis es muy bueno

Géminis absorbe datos, por lo que es un signo que aprende rápido. Su naturaleza extrovertida lo ayuda a destacarse en proyectos grupales o deportes de equipo en los que es necesaria la colaboración, ya que a las personas les atrae el conocimiento de Géminis y valoran su adaptabilidad.

Maneras en que Géminis puede esforzarse

Por su curiosidad sin límite, Géminis tiene muchos intereses diferentes. Pero eso también quiere decir que tiende a cambiar de una pasión a otra a gran velocidad. Enfocarse de verdad en una o dos (y cultivar una mentalidad tenaz) le ayudará a dominar cualquier tendencia a la volatilidad.

Fortalezas y debilidades

FORTALEZAS	DEBILIDADES
◎ Flexible	◎ Se abruma con facilidad
◎ Inteligente	
◎ Conectado/a	◎ Exagerado/a
◎ Curioso/a	◎ Indisciplinado/a
◎ Despreocupado/a	◎ Se aburre enseguida
◎ Conocedor/a	◎ Impulsivo/a
◎ Sociable	◎ Cohibido/a
	◎ Superficial

ELEMENTO

Aire

REGIDO POR

Mercurio

COLORES

Verde claro, amarillo

GEMAS Y MINERALES

Ágata, citrino,
ojo de tigre

ANIMALES E INSECTOS

Mariposa, cenzontle,
mono, gorrión

PLANTAS Y FLORES

Lirio, menta, boca de dragón

FAMOSOS DE GÉMINIS

Awkwafina, Peter Dinklage,
Bob Dylan, Naomi Campbell,
Lucy Hale, Kendrick Lamar,
Marilyn Monroe, Prince

Amistad y familia

Cuando se trata de la amistad, Géminis tiene un gran corazón y es bondadoso, entusiasta y enérgico. Este signo también es seductor y divertido, el alma de la fiesta. Como es una criatura tan social, suele tener un gran grupo de amigos. Debido a que los geminianos se sienten atraídos por personas capaces de igualar su legendario ingenio y seguir el ritmo de la conversación, pueden hablar y hacerse amigos de casi cualquiera.

Géminis tiene mucha paciencia con sus hermanos o parientes más jóvenes. Los niños responden a la efervescencia y a la montaña de datos curiosos de este signo. Todos adoran su sentido del humor. La comunicación es muy importante para los geminianos, y son especialmente buenos para reducir la tensión cuando la conversación se transforma en un debate o una discusión acalorada.

Con una mente rápida y versátil, Géminis siempre está en movimiento mentalmente. Sin embargo, bajar la velocidad y escuchar de verdad a sus amigos y familiares podría resultarle beneficioso. También debe tener cuidado con el cotilleo. Es mejor no decir nada que decir algo que podría ser falso o desagradable.

Cómo llevarse bien con Géminis

- ◎ Hacer preguntas.
- ◎ Ser un conversador/a entretenido/a.
- ◎ Lanzarse a la aventura.
- ◎ Tener buen sentido del humor.

Signos con los que Géminis se lleva bien

Acuario
Aries
Leo
Libra

Signos que no entienden a Géminis

Piscis
Sagitario
Virgo

El día a día

Advertencia: escuchar todo lo que hizo Géminis durante el día puede dejar agotadas a las personas de otros signos. De hecho, el miedo al aburrimiento de los geminianos es tan grande que no solo pueden programar varias actividades seguidas, sino que pueden llegar a superponerlas. Este signo no tiene un día típico, ya que no le gustan las rutinas y prefiere la espontaneidad y la novedad.

En el caso excepcional de que no tenga planes, Géminis sale a buscar algo divertido para hacer con alguien entretenido. Para las personas de este signo, un extraño es un amigo que todavía no han conocido, y luego ya verán. Este movimiento incesante no les permite disfrutar realmente del momento o de la persona que los acompaña.

Por esa sociabilidad, Géminis adora compartir y comunicar. Desde el momento en que se levantan hasta que se van a dormir, los geminianos hablan, mandan mensajes, escriben, publican en redes sociales, llaman, redactan entradas de blog, graban un episodio para un pódcast…, cualquier cosa.

Día de la suerte	Número de la suerte
Miércoles	11

Actividades que Géminis disfruta

- ◎ Unirse a un club de lectura
- ◎ Aprender un idioma nuevo
- ◎ Hacer origami
- ◎ Socializar
- ◎ Deportes de equipo
- ◎ Escribir

Cosas que desafían a Géminis

- ◎ Aburrimiento
- ◎ Falta de planes
- ◎ Soledad
- ◎ Repetición y rutina
- ◎ Monotonía
- ◎ Silencio

De local y de visitante

El amor de Géminis por socializar lo convierte en un invitado ideal y un anfitrión envidiable, y tiene la fama de hacer veladas espectaculares. Por eso, este signo necesita espacio para entretener, desde un rincón pequeño para una charla íntima hasta áreas más grandes para celebrar una cena o una fiesta.

Además de un lugar para entretener, Géminis debe tener varios espacios para guardar una colección de libros, revistas y otro tipo de publicaciones que adquiera, ya que tiene una curiosidad insaciable. Cuando se trata de Géminis, siempre es hora de aprender. Este signo nunca deja de desear el conocimiento.

Viajar es una de las muchas maneras que tiene para aprender. Siempre está listo para la aventura, lo que lo convierte en un compañero de viajes vivaz. Como es una criatura social, disfruta de la oportunidad de hablar con gente a donde sea que vaya. Las ciudades no solo le ofrecen las experiencias que anhela, sino también la valentía para generar un montón de contactos nuevos y descubrir novedades.

¿Dónde se siente Géminis como en casa?

Para Géminis, nada supera las vistas, los sonidos, los olores y la vitalidad de una ciudad. En cada esquina hay nuevos amigos y aventuras por descubrir.

Maneras de diseñar tu espacio para alinearte con Géminis

◎ Ofrecer varios tipos de asientos, desde almohadones grandes en el suelo hasta sillas cómodas.

◎ Elegir colores brillantes que combinen con la radiante personalidad de Géminis.

◎ Organizar parejas cuando sea posible (dos sillas, dos espejos, dos pilas iguales de libros y demás).

◎ Tener cosas diversas a mano para entretener con facilidad.

Lugares a los que Géminis debe viajar

◎ Berlín, Alemania

◎ Dubái, Emiratos Árabes Unidos

◎ Hong Kong

◎ Estambul, Turquía

◎ Las Vegas, Nevada, Estados Unidos

◎ Río de Janeiro, Brasil

◎ Tokio, Japón

Salud y bienestar

Géminis se aburre con la rutina, así que una manera de mantenerse sano es incorporar la novedad durante el ejercicio, ya sea en general o durante una sesión especial. En el gimnasio, este signo debe hacer distintas clases de entrenamiento de alta intensidad o de baile. Cuando sea posible, a Géminis le gusta hablar mientras se mueve. Los deportes de equipo le permiten socializar y hacer ejercicio al mismo tiempo.

Pero también le gusta mover la mente, además del cuerpo. Los deportes individuales que requieren una cuota de estrategia, como el tenis o el ráquetbol, satisfacen su deseo de trabajar el intelecto.

Este signo está asociado con el sistema nervioso, así como con las manos, los pulmones, los hombros y los brazos. A veces, hablar con las manos puede repercutirle en el cuello. Debe tener cuidado cuando se entusiasma (que sucede a menudo), para no exagerar los gestos.

Algunos signos envidian la energía juvenil de Géminis, producto de su espíritu vivaz y su actitud espontánea. Tener bocadillos a mano garantizará que su energía no decaiga.

Cosas que nutren a Géminis

Como malabarista consumado, Géminis obtiene mejores resultados cuando hace varias cosas a la vez: juntarse con amigos, contar historias, emprender una aventura, aprender cosas nuevas... El movimiento constante, más que la actividad en sí misma, es lo que lo llena de energía.

Maneras favoritas de estar activo

Entrenamiento en intervalos de alta intensidad (HIIT), *hip hop, hockey,* danza moderna, tenis, remo y vóleibol

Dolencias y lesiones para tener en cuenta

Asma, tos, sensación de agobio, insomnio, nerviosismo, contracturas en el cuello

Esencias y aceites esenciales

Lavanda, citronela, lila, menta, guisante de olor

Cáncer

EL CANGREJO

21 de junio – 22 de julio

Todo sobre Cáncer

El símbolo de Cáncer es el cangrejo, pero bien podría haber sido un zorro del desierto (con sus orejas grandes para escuchar) o un pulpo (con muchos brazos para abrazar a alguien). Incluso un caracol, porque lleva su casa consigo a todas partes, que es el lugar favorito de Cáncer. A este signo le encanta estar en casa.

Este signo adora cuidar, proteger y atender a otros. De hecho, algunos astrólogos lo consideran «la madre» del Zodíaco.

De todas formas, un cangrejo sigue siendo un cangrejo. Puede ser difícil arrinconar a este signo, porque se escabulle de los problemas en lugar de hacerles frente. También puede ser un poco testarudo, ya que solo se enfoca en alcanzar un objetivo. Malhumorado y volátil, prefiere evitar el conflicto. Pero debajo de esa coraza dura, hay una criatura delicada y vulnerable, casi siempre empática y en sintonía con sus emociones. ¡Y cuántas emociones!

Esa gran sensibilidad trae aparejada una tendencia a salir herido. Una palabra desacertada o un indicio de peligro hace que Cáncer se vuelva a meter en su caparazón, con sus tenazas en alto. A veces, ese peligro es real, y otras veces es imaginario. Este susceptible signo tiende a ver catástrofes en todas partes. Sin embargo, te resultará difícil encontrar a un amigo mejor que él.

Cosas en las que Cáncer es muy bueno

Para Cáncer, ser mentor es algo natural, ya que se enorgullece cuando los demás triunfan. Escuchar incondicionalmente también es algo nato para este signo (¡no hay posibilidad de juzgar!). Por su creatividad, son muy buenos creando y haciendo manualidades, ya que plasman su amor hacia los demás en su arte.

Maneras en que Cáncer puede esforzarse

A veces, Cáncer tiene problemas para mostrar su vulnerabilidad. Intentar priorizar sus necesidades o pedir ayuda a los demás le causa una gran confusión interna. Por más aterrador que sea, es fundamental abrirse a los demás.

Fortalezas y debilidades

FORTALEZAS	DEBILIDADES
◎ Considerado/a	◎ Delicado/a
◎ Creativo/a	◎ Indirecto/a
◎ Empático/a	◎ Malhumorado/a
◎ Intuitivo/a	◎ Cerrado/a
◎ Amoroso/a	◎ Muy sensible
◎ Leal	◎ Tímido/a
◎ Protector/a	◎ Impredecible

ELEMENTO

Agua

REGIDO POR

La Luna

COLORES

Índigo, plateado, blanco

GEMAS Y MINERALES

Piedra de la luna,
jaspe oceánico, rubí

ANIMALES E INSECTOS

Cangrejo, libélula,
lobo marino, tortuga

PLANTAS Y FLORES

Aloe, bambú, consuelda

FAMOSOS DE CÁNCER

Kristen Bell, Gisele Bündchen,
Ariana Grande, Tom Hanks,
Frida Kahlo, Thurgood Marshall,
Elon Musk, Meryl Streep

Amistad y familia

Como es una de las criaturas del Zodíaco que más se dedican a la familia, a Cáncer le importan de verdad sus seres queridos. Este signo prioriza a la familia, ya sea biológica o por elección. Esto genera lazos increíblemente fuertes. Cáncer es el mejor animador, cuidador, protector y aliado. Tienes suerte si cuentas con el apoyo de una persona de este signo.

Sin embargo, este cuidado tiene un precio. A veces, Cáncer se olvida de sus propias necesidades y tiende a soportar el desprecio hasta que se convierte en una herida, y luego se retrae y activa su modo defensivo. Lo que es aún más peligroso es que este signo puede convertirse en la presa de aquellos que buscan aprovecharse de su comportamiento poco egoísta y complaciente. Una coraza dura es una cosa, pero Cáncer también necesita tener agallas.

Sentimental, intuitivo y creativo, Cáncer se esmera para hacer regalos, como tarjetas hechas a mano, pasteles o manualidades, para todo tipo de ocasión.

Cómo llevarse bien con Cáncer

- ◎ Valorar la generosidad de Cáncer.
- ◎ Encontrar un lugar para pasar un buen rato.
- ◎ Hablar sobre tus sentimientos.
- ◎ Hablar y actuar con amabilidad.

Signos con los que Cáncer se lleva bien

Piscis
Escorpio
Tauro
Virgo

Signos que no entienden a Cáncer

Aries
Capricornio
Libra

El día a día

Cáncer es más que feliz quedándose en casa o muy cerca de ella. Los placeres del mundo exterior son insípidos en comparación con las comodidades de su morada, sobre todo cuando llegan los amigos o la familia para jugar, compartir una comida o simplemente pasar el rato. Este signo disfruta tanto de evocar el pasado como de crear nuevos recuerdos.

Dicho esto, Cáncer no es un ermitaño y disfruta de la naturaleza por encima de todo. Como es un signo de agua, se siente atraído hacia todo lo acuático, ya sea el océano, un lago, un arroyo o un río. Como el agua, Cáncer tiene altos y bajos. Retozar en el agua o cerca de ella le ayuda a mantener el equilibrio.

A donde sea que vaya, las personas de Cáncer prefieren lo conocido antes que lo desconocido. La familiaridad es otra manera de ayudar a este signo a salir de su caparazón. Como resultado, se encariñan tanto con los lugares como con las personas.

Día de la suerte	Número de la suerte
Lunes	2

Actividades que Cáncer disfruta

- Estar en el agua o cerca de ella
- Manualidades
- Acurrucarse
- Pasar tiempo en casa
- Escribir en un diario
- Crear un álbum de recortes
- Coser
- Cuidar de alguna persona o una mascota

Cosas que desafían a Cáncer

- Pedir ayuda
- Terminar una relación
- Discordia
- Rechazo
- Impotencia
- Secretos
- Arriesgarse

De local y de visitante

El hogar es importante para Cáncer. Es donde se siente más seguro y firme. Es donde este signo puede dejar a un lado las necesidades de los demás y concentrarse en las suyas por una vez (o por lo menos intentarlo). Para Cáncer, el hogar es el mejor refugio.

Las cortinas y las paredes divisorias son una de las maneras en que las personas de este signo pueden crear un escondite alejado del mundo. Pero este signo sentimental no puede estar lejos de sus amigos y su familia por mucho tiempo. Cáncer disfruta entreteniendo y recibiendo a gente con cierta frecuencia. Además, su hogar desborda de fotos y recuerdos que aluden a su lado nostálgico. Deshacerse de algunos de vez en cuando permite que los recuerdos realmente especiales ocupen un lugar privilegiado.

No es que a Cáncer no le guste viajar, sino que prefiere ir a un lugar que le permita crear un refugio cómodo que esté cerca de alguno de sus seres queridos que vivan por la zona. Este signo prefiere lo familiar a lo nuevo, así que suele tener un lugar favorito para pasar las vacaciones, idealmente cerca del agua, al que regresa año tras año.

¿Dónde se siente Cáncer como en casa?

Cualquier lugar cerca del agua alegrará el corazón de Cáncer. Las playas están bien, pero una isla es aún mejor. También funciona un espacio grande para recibir a sus adorados amigos, parientes y mascotas.

Maneras de diseñar tu espacio para alinearte con Cáncer

◎ Armonizar: todo debe combinar.
◎ Mantener el flujo lo más abierto posible.
◎ Agregar alfombras para lograr más calidez.
◎ Utilizar estantes abiertos para exhibir objetos interesantes.

Lugares a los que Cáncer debe viajar

◎ Creta, Grecia
◎ Lagos Finger, Nueva York, Estados Unidos
◎ Islas Galápagos, Ecuador
◎ Kauai, Hawái, Estados Unidos
◎ Madagascar
◎ Maldivas
◎ Martha's Vineyard, Massachusetts, Estados Unidos
◎ Islas Turcas y Caicos

Salud y bienestar

La comida tiene el papel protagonista en la vida de Cáncer. Este signo suele mostrar su afecto preparando un banquete delicioso para sus amigos y familiares. Todos los rituales de una cena le traen un gran placer, desde hornear o cocinar para sus seres queridos hasta las conversaciones en la mesa.

El lado negativo de ser un amante de la comida es la sensibilidad de su estómago. Cuando Cáncer se preocupa (que, digamos la verdad, le sucede a menudo), la ansiedad ocupa un lugar central. Algunas personas de este signo comen demasiado para intentar calmar sus miedos. Otros no comen lo suficiente. Deben hacer que su prioridad sea encontrar una manera sana de lidiar con el estrés.

Cáncer también debe concentrarse en el autocuidado. Por supuesto, priorizar a los demás es una forma de sustento para este signo. Pero pasar tiempo a solas (ya sea leyendo, escribiendo, haciendo yoga o jugando con su mascota) potencia su introspección y agudiza su intuición.

Cosas que nutren a Cáncer

Cuidar de otros es un placer para Cáncer. Este signo vive para escuchar, abrazar, ayudar, cuidar, hacer cosas por los demás y alimentar a las personas que ama, ya caminen en dos o en cuatro patas.

Maneras favoritas de estar activo

Correr en la playa, *hatha* o *vinyasa*
yoga, pilates, entrenamientos
para estirar y tonificar, nadar y
ejercicios aeróbicos en el agua

Dolencias y lesiones para tener en cuenta

Reflujo, miedo a las multitudes,
acidez, hipersensibilidad, posesividad,
malestar estomacal

Esencias y aceites esenciales

Bálsamo del Perú, albahaca, manzanilla,
coco, sándalo, milenrama

Leo

EL LEÓN

23 de julio – 22 de agosto

Todo sobre Leo

Si quieres hacerte una idea del poder de atracción de Leo, imagina un imán tan fuerte que no solo remueve los clavos de tu casa, sino que de todas las casas de tu barrio. El quinto signo del Zodíaco es una estrella absoluta.

Este increíble magnetismo viene acompañado de un gran ego. Justificado o no, las personas de Leo piensan mucho en sí mismas. No solo adoran recibir atención; muchas veces lo exigen. Admiración, adoración, adulación: Leo se alimenta de todo eso. Y cuando no recibe lo suficiente, por la razón que sea, lo aplasta una ola de inseguridad. Dentro de este poderoso león habita un alma sensible.

Nada lo hace huir, y mucho menos el drama. De hecho, puede que el ambicioso y bullicioso Leo lo busque. La exageración está bien, pero la teatralidad es mejor, según la línea de pensamiento de este signo. Pero, para ser sinceros, ¿qué se puede esperar de un signo de fuego que está regido por el Sol? Puede ser emocionante entrar en su drama, pero hay que tener cuidado con las quemaduras.

Cosas en las que Leo es muy bueno

Cuando Leo habla, la gente lo escucha. Este signo es un artista del entretenimiento y un líder nato. Ese mismo atractivo lo ayuda a resolver sus problemas. Las personas de este signo no se dan por vencidas fácilmente y se aseguran de que nadie a su alrededor tampoco lo haga.

Maneras en que Leo puede esforzarse

Si bien Leo anhela recibir la aprobación de los demás, este signo tiene dificultades para escuchar (por no hablar de acatar) las opiniones de otras personas. Para equilibrar las fuertes convicciones que tiene y expresa, Leo debe escuchar, y a veces pedir, los comentarios de otros.

Fortalezas y debilidades

FORTALEZAS	DEBILIDADES
◎ Ambicioso/a	◎ Ególatra
◎ Seguro/a	◎ Frágil
◎ Intrépido/a	◎ Inseguro/a
◎ Generoso/a	◎ Melodramático/a
◎ Vital	◎ Dominante
◎ Magnético/a	◎ Reacio/a a admitir
◎ Optimista	sus errores
	◎ Vanidoso/a

ELEMENTO
Fuego

REGIDO POR
El Sol

COLORES
Anaranjado oscuro, cobre, oro

GEMAS Y MINERALES
Jacinto, peridoto, pirita

ANIMALES E INSECTOS
Gato, mariquita,
león, pavo real

PLANTAS Y FLORES
Bromelia, clavel de moro,
girasol

FAMOSOS DE LEO
Neil Armstrong, Kylie Jenner,
Daniel Dae Kim, Daniel Levy,
Jennifer Lopez, Madonna,
Meghan Markle, Andy Warhol

Amistad y familia

Si bien todos imaginamos que somos la estrella de nuestra propia película, las personas de Leo creen que son protagonistas de las películas de los demás. Esta creencia de que siempre los están mirando los vuelve compasivos, pacientes y cálidos, con actitudes generosas y atentas. Ser buenos amigos mejora la imagen que tienen de ellos mismos.

Leo, cuya compañía es muy emocionante, suele ser la última persona en irse de la fiesta. Irradia energía y exuberancia, y no tiene problema para alumbrar a su familia y a sus amigos con sus encantadores rayos. Es difícil estar triste a su lado.

Los leoninos tienden a perdonar fácilmente, ya que prefieren poner su atención en otra cosa (muchas veces en ellos mismos). Como fieros defensores de su familia y amigos (que son su orgullo), las personas de Leo le gruñen o rugen a quien les parezca amenazante.

Pero «orgullo» incluye más que al grupo de amigos cercanos. También abarca sus sentimientos. Leo se enfurece si alguien le roba el protagonismo. Permitir que sus seres queridos tengan la oportunidad de brillar y deslumbrar de vez en cuando puede ayudarlo a fortalecer y equilibrar sus relaciones.

Cómo llevarse bien con Leo

- ◎ Estar de acuerdo (¡intenta no discutir!).
- ◎ Ser muy generoso con los cumplidos.
- ◎ Dar un paso a un lado y dejar que Leo disfrute siendo el centro de atención.

Signos con los que Leo se lleva bien

Aries
Géminis
Libra
Sagitario

Signos que no entienden a Leo

Acuario
Escorpio
Tauro

El día a día

Leo adora una buena salida a la naturaleza. Se siente feliz en verano y le encantan los pícnics, las fiestas, los conciertos y las barbacoas. Aunque sea invierno, este signo social aumenta su energía en compañía de otros, y casi nunca se queda sin cosas que hacer. Prácticamente, es una bengala humana que lleva la diversión a todas partes y a cualquier hora.

Para disfrutar de su naturaleza felina, los leoninos no rechazarán la oportunidad de acostarse y relajarse (y verse guapos). Pero si les ofreces la posibilidad de embarcarse en una aventura, o les insinúas que tienes una sorpresa exclusiva para ellos, se levantarán y saldrán por la puerta… en algún momento.

El hecho es que Leo no dejará su casa sin estar listo al cien por cien, aunque sea una escapada al gimnasio o al supermercado. Tenlo en cuenta cuando hagas planes con este signo y añade un margen de tiempo a la invitación.

Día de la suerte	Número de la suerte
Domingo	1

Actividades que Leo disfruta

- Bailar
- Ocasiones para vestirse elegantemente
- Organizar fiestas
- Maquillaje
- Actuar
- Socializar
- Deportes de equipo

Cosas que desafían a Leo

- Todo lo mundano
- Ser eclipsado o ignorado
- Monotonía
- No tener compañía
- No ser invitado

De local y de visitante

Como reyes y reinas autoproclamados del Zodíaco, los leoninos anhelan tener un castillo acorde a su naturaleza nobiliaria. Sin embargo, hasta que puedan recrear su Versalles particular, se conformarán con hacer lo que puedan para que su hogar sea lo más opulento posible. Todo parece costoso, aunque no lo sea.

Con gusto, Leo abre las puertas de su espacio a sus invitados, ya que eso le permite presentarse con la mejor luz posible, literalmente. Un montón de espejos reflejan la luz del sol y muestran todos los ángulos de Leo. Pero, como en general, tienen mejores cosas que hacer que ordenar, no mires en los armarios o debajo de la cama.

En la ruta, Leo demuestra que tiene el mismo espíritu intrépido que en casa. Este signo prefiere la espontaneidad y la exploración antes que la previsibilidad y la monotonía. Para él, el mejor viaje tiene un sinfín de posibilidades de acción y emoción, y, quizá, sus viajes provocarán un poco de envidia en la persona que se haya quedado en casa.

¿Dónde se siente Leo como en casa?

El centro de la atención es el lugar más feliz para Leo, al igual que las ciudades capitales o los sitios estimulantes con un sinfín de espectáculos. A este signo le gustan los lugares con festivales emocionantes, escenarios coloridos y un dinamismo extraordinario y evidente.

Maneras de diseñar tu espacio para alinearte con Leo

- Gastar lo máximo posible en opulencia y lujos.
- Elegir espejos en lugar de cuadros.
- Crear un mural de fotos tuyas y de tus amigos.
- Decorar con accesorios de color amarillo, rojo y naranja para generar calidez.

Lugares a los que Leo debe viajar

- Acra, Ghana
- Bangkok, Tailandia
- Barcelona, España
- Hollywood, California, Estados Unidos
- Miami, Florida, Estados Unidos
- Nueva Orleans, Luisiana, Estados Unidos
- Parque Nacional Serengeti, Tanzania

Salud y bienestar

Con tanto orgullo y confianza, Leo tiende a ser consciente de su imagen. A fin de cuentas, su cuerpo es un templo, por lo que se esfuerza por hacer ejercicio y comer bien. El entrenamiento aeróbico y el fortalecimiento del centro del cuerpo son especialmente buenos para este signo, ya que tiene una tendencia a los problemas cardíacos y las lesiones de espalda. Sin embargo, la mayoría de las veces, Leo tiene un gran poder corporal y mental.

Los Leo quieren que su brillo externo se equipare al que proyectan desde dentro, así que el cuidado de la piel y el cabello suele ser una prioridad. Leo es un signo solar, pero eso no quiere decir que deba descuidarse de sus rayos. Además de usar protector solar, debe pensar en ocultar esa hermosa cabellera bajo un sombrero.

Los entrenamientos que considera eventos mayúsculos combaten el aburrimiento y la monotonía, dos cosas que Leo detesta. En el gimnasio, así como en otros lugares, le gusta moverse al compás de la música, sobre todo en compañía de otros.

Cosas que nutren a Leo

No hay otro sonido que haga más feliz a Leo que el de los aplausos. No hay palabras que le llenen más el corazón que la frase «Eres increíble». Este signo adora todo lo costoso, acorde a una persona tan majestuosa, como las prendas elegantes, las joyas brillantes o los bombones sofisticados.

Maneras favoritas de estar activo

Entrenamiento con barra,
equitación, ciclismo *indoor*, clases
de salsa, fútbol, zumba

Dolencias y lesiones para tener en cuenta

Problemas de ira, dolor de espalda,
hipertensión, ritmo cardíaco
irregular, narcisismo, ciática

Esencias y aceites esenciales

Canela, jengibre, enebro, lima,
nuez moscada, naranja dulce

Virgo

LA VIRGEN

23 de agosto
– 22 de septiembre

Todo sobre Virgo

Virgo se da cuenta de cada defecto, cada imperfección, cada error. A este signo, no hay forma de ocultarle la mancha de café o la mala pronunciación de una palabra. Sin dudas, observador y orientado al detalle como es, puede ser muy crítico. Sin embargo, las personas de Virgo desean servir y ayudar a los demás. Para este signo, hacer del mundo un lugar mejor no es un eslogan publicitario, sino un objetivo en su vida.

Por fortuna, Virgo tiene la habilidad de marcar la diferencia. Este inteligente signo tiene un gran intelecto, un deseo por el orden y la voluntad para trabajar arduamente y generar un cambio real. Son lógicos y analíticos. A veces, esta habilidad de quitar las emociones de la ecuación resulta útil, por ejemplo, cuando se aborda un problema complejo; pero, otras veces, pueden parecer carentes de sentimientos.

Sin embargo, el espíritu de Virgo es todo menos distante. Devuelve la bondad de su corazón. No están buscando la adulación o la adoración, aunque aprecian un agradecimiento sincero, como cualquier otra persona. En cambio, este signo funciona a partir del puro optimismo. Virgo somete a los demás (y a ellos mismos) a ciertos estándares, que sin duda son elevados, y cree que tienen la obligación de cumplirlos.

Cosas en las que Virgo es muy bueno

Virgo está asociado con la cosecha. Este signo hace un trabajo excelente filtrando lo que es útil de lo que no lo es en muchos contextos, desde gestionar información hasta analizar datos para hallar soluciones factibles.

Maneras en que Virgo puede esforzarse

El consciente Virgo puede caer en la obsesión por los detalles y la falta de defectos. La perfección es el enemigo de lo bueno. A veces, llega el momento en el que debe presionar «enviar», dejar de dar vueltas, parar de corregir y avanzar.

Fortalezas y debilidades

FORTALEZAS	DEBILIDADES
◎ Analítico/a	◎ Difícil
◎ Dedicado/a	◎ Quisquilloso/a
◎ Diligente	◎ Arrogante
◎ Inteligente	◎ Nervioso/a
◎ Racional	◎ Fastidioso/a
◎ Productivo/a	◎ Reticente
◎ Detallista	◎ Tenso/a

ELEMENTO

Tierra

REGIDO POR

Mercurio

COLORES

Café claro, malva,
azul marino

GEMAS Y MINERALES

Jade, zafiro, topacio blanco

ANIMALES E INSECTOS

Abeja, chimpancé, zorro, cuervo

PLANTAS Y FLORES

Áster, árbol del caucho,
mejorana dulce

FAMOSOS DE VIRGO

Kobe Bryant, Tim Burton,
Idris Elba, Salma Hayek,
Stephen King, Padma Lakshmi,
Keanu Reeves, Zendaya

Amistad y familia

Virgo puede rechazar una invitación a una fiesta, pero seguramente aceptará cuando le pidas que te recoja en el aeropuerto o ayuda para terminar un proyecto. Algunas personas piensan que Virgo es distante y esnob, y es cierto que hay miembros del Zodíaco más extrovertidos. Sin embargo, la verdad es que este signo hace amigos cercanos con facilidad, con un ingenio maravilloso y una falta de pretensión innovadora.

Cuando haces amistad con Virgo, es para toda la vida. Este signo cultiva la amistad y cuida mucho a quienes forman parte de su amplísimo círculo social.

Lo mismo sucede con su familia, donde Virgo suele cumplir el rol de cuidador. Son los que comprueban que todos hayan comido, tengan ropa limpia, duerman ocho horas todas las noches, hayan hecho sus quehaceres, etcétera. Este signo práctico lidia con detalles y pequeñeces de una manera que los signos extrovertidos podrían pasar por alto. Confía en que Virgo llevará los bocadillos, los pañuelos desechables y el desinfectante de manos, y en que se preocupará si estos se acaban.

Cómo llevarse bien con Virgo

- ◎ Ser tranquilo/a.
- ◎ Ofrecerle ayuda.
- ◎ Dar las gracias.
- ◎ Mantenerse organizado/a (¡no seas descuidado/a!).

Signos con los que Virgo se lleva bien

Cáncer
Capricornio
Escorpio
Tauro

Signos que no entienden a Virgo

Géminis
Piscis
Sagitario

El día a día

Los Virgo comienzan el día consultando su agenda, que está organizada cuidadosamente. Este signo prefiere el orden, la rutina y los procesos claros. No te burles: Virgo hace muchas cosas y mantenerse organizado le funciona.

La productividad es la clave del día (y de la vida) de Virgo. Este signo vive para trabajar duro y cumplir objetivos. Como tal, piensa la elección de cada actividad en función de su utilidad; por ejemplo, hacer un crucigrama le ayuda a desarrollar la memoria e ir a ver la película de moda de la que todo el mundo habla significa que podrá charlar sobre ella con sus amigos al día siguiente. Por el contrario, desconectarse jugando videojuegos no ocupa un lugar destacado en las listas de tareas pendientes de Virgo. (Sí, tiene más de una lista).

Sin embargo, a Virgo no le afecta tanto que los planes fracasen. Son personas fiables, pero suelen entender que no todos los demás lo son.

Día de la suerte	Número de la suerte
Miércoles	6

Actividades que Virgo disfruta

- Ajedrez
- Viajar con mochila
- Juegos de mesa
- Ordenar
- Jardinería
- Fotografía
- Voluntariado

Cosas que desafían a Virgo

- Ser demasiado emocional
- Caos
- Sentirse inútil
- Olvido
- Ruidos fuertes
- Descuido
- Tomarse las cosas con calma

De local y de visitante

Usa calcetines bonitos cuando visites la casa de un Virgo, ya que es muy probable que sea un hogar «libre de zapatos» y te pida que dejes tu calzado en la puerta. Este signo valora la pulcritud y el orden. Mucho. Un desorden menor le preocupará; un gran desorden lo hará estallar a gran escala.

Esta meticulosidad significa que hasta el cajón de los utensilios de cocina estará organizado en áreas separadas. En el hipotético caso de que Virgo pierda el cargador del teléfono móvil, podrá encontrar uno de repuesto en cuestión de segundos.

Viajar ayuda a Virgo a evitar el estancamiento diario. Dicho esto, este signo es reacio a ir a ningún sitio sin un plan e investigará sobre un viaje hasta que se convierta en casi un experto en el destino. Unas vacaciones de voluntariado con el potencial de generar un impacto positivo, o un viaje de bienestar con objetivos, le sienta mejor que descansar en una playa con un cóctel en la mano.

¿Dónde se siente Virgo como en casa?

Como es un signo de tierra, Virgo se siente muy conectado con la naturaleza. Los grandes paisajes pueden recordarle que debe detenerse de vez en cuando y no ser tan estricto con todos, incluido él mismo.

Maneras de diseñar tu espacio para alinearte con Virgo

- Priorizar la funcionalidad y la practicidad por encima del lujo.
- Ordenar por color.
- Ordenar a diario (¡mantén el orden!).
- Colocar floreros con flores frescas.

Lugares a los que Virgo debe viajar

- El Himalaya, Asia
- Laponia, Finlandia
- La Patagonia, Argentina y Chile
- Singapur
- Parque Nacional de los Volcanes, Ruanda
- Parque Nacional Zion, Utah, Estados Unidos

Salud y bienestar

Virgo aplica a su cuerpo la misma filosofía que al resto de las áreas de su vida. Por tanto, vigila lo que come, hace ejercicio el tiempo necesario y no llega a los extremos.

Sin embargo, puede preocuparse por su salud y consultar con un médico con bastante regularidad. El organizado Virgo nunca falta a un control de salud, pero tal vez podría limitar las visitas entre controles o los mensajes de seguimiento a menos que sean absolutamente necesarios.

Los virginianos aplican esta misma meticulosidad a su ejercicio físico. Son deportistas diligentes y comprometidos. Sin embargo, su perfeccionismo puede volverlos exigentes con ellos mismos cuando no cumplen un objetivo o no dominan un movimiento nuevo de inmediato.

Al laborioso Virgo no le gusta el tiempo de inactividad improductiva, lo que a menudo se traduce en descuidar el descanso. Pero tomarse tiempo para relajarse (incluso si es necesario programarlo con unas semanas de antelación) beneficia muchísimo a este signo.

Cosas que nutren a Virgo

Al inteligente Virgo le gusta aprender cosas nuevas porque le permite ser más útil para los demás. Completar un proyecto que beneficiará a alguien o algo, ya sea a un amigo, a un jefe o al planeta, le trae una profunda satisfacción.

Maneras favoritas de estar activo

Ciclismo, esquí de fondo, carreras
de larga distancia y maratones,
taichí, ejercicios con TRX

Dolencias y lesiones a tener en cuenta

Colitis, misofobia, hipocondría, indigestión,
síndrome del intestino irritable, neurosis

Esencias y aceites esenciales

Eucaliptus, hinojo, toronja, limón,
lirio de los valles, salvia

Libra

LA BALANZA

23 de septiembre
– 22 de octubre

Todo sobre Libra

Algunos astrólogos dicen que los primeros seis signos del Zodíaco representan la niñez, la adolescencia y la adultez temprana, mientras que los otros seis representan de la mediana edad en adelante (ver la rueda del Zodíaco completa en la página 18). Libra, con su sentido de sofisticación, su voluntad para el compromiso y su deseo de armonía, puede parecer el primer signo realmente adulto.

Representado por la balanza, Libra adora el equilibrio. Sin embargo, los dos lados de la balanza también insinúan que, a veces, algunos rasgos de su personalidad son opuestos. Libra es sociable y divertido, pero también muy inseguro; inteligente y capaz, pero a veces perezoso. Por muy relajado que sea, luchará (mucho) por la justicia. Mientras que a las personas de este signo les gusta recibir consejos y pedir opiniones a los demás, es difícil para ellos tomar decisiones. Para este signo, es un poco de aquí, un poco de allá.

Libra casi siempre se ve bien. Le encanta la ropa de calidad, las cosas bonitas y las comidas sabrosas. Bendecido con una gracia natural y seductora, hace que verse atractivo parezca muy fácil. Sin embargo, este talento viene acompañado de una dosis de superficialidad. No hay dudas de que Libra nos juzga en secreto.

Cosas en las que Libra es muy bueno

Obsesionado con la justicia, Libra sigue las reglas y no duda en cumplir el rol de árbitro, ya sea en el campo o en el trabajo. Este signo siente pasión por la igualdad, y usa sus poderes de persuasión para explicar la razón por la que todos también deben ser así.

Maneras en que Libra puede esforzarse

El respetuoso Libra quiere saberlo todo antes de tomar una decisión. Sin embargo, muy a menudo, esta búsqueda lleva a una indecisión casi paralizante. Mientras que algunas decisiones requieren una reflexión cuidadosa, ser impulsivo y dejarse llevar por el primer instinto puede ser muy liberador.

Fortalezas y debilidades

FORTALEZAS	DEBILIDADES
◎ Servicial	◎ Combativo/a
◎ Accesible	◎ Dependiente
◎ Diplomático/a	◎ Voluble
◎ Justo/a	◎ Sentencioso/a
◎ Racional	◎ Autocomplaciente
◎ Culto/a	◎ Superficial

ELEMENTO
Aire

REGIDO POR
Venus

COLORES
Celeste, azul Francia y blanco

GEMAS Y MINERALES
Labradorita, ópalo, turmalina rosa

ANIMALES E INSECTOS
Cigarra, flamenco, lagartija, cisne

PLANTAS Y FLORES
Hortensias, monstera, cunas de Moisés

FAMOSOS DE VIRGO
Donald Glover, Halsey, Isis King, Bruno Mars, Alexandria Ocasio-Cortez, Naomi Osaka, Gwyneth Paltrow, Serena Williams

Amistad y familia

Libra es el signo del equilibrio, y nada estabiliza más a un individuo que otra persona. Por ende, Libra invierte mucho en la amistad. Les pide consejos a sus amigos, aunque no suele seguirlos; no porque no valore su guía, sino porque tiene problemas para saber cuándo dejar de recibir información y comenzar a tomar una decisión. Libra da vueltas a todo.

Tomar una decisión es una cosa; sin embargo, juzgar no es un problema para Libra. Amante de la belleza y con un gusto excelente, por supuesto que este crítico signo juzga un libro por su portada. A veces, los demás consideran que Libra es superficial y presumido.

En la familia, Libra suele tener la función de mediador. Este es el signo que se asegurará de que todos reciban la misma cantidad de pastel o tengan la misma oportunidad para elegir la próxima película que verán. Libra valora la armonía y la cortesía, las cuales fomentan la voluntad de llegar a un acuerdo.

Cómo llevarse bien con Libra

◎ Tener paciencia durante sus deliberaciones a la hora de tomar decisiones.

◎ Hacerle regalos sin motivo.

◎ Hacer bromas ingeniosas.

◎ Tener buen aspecto.

Signos con los que Libra se lleva bien

Acuario
Géminis
Leo
Sagitario

Signos que no entienden a Libra

Aries
Cáncer
Capricornio

El día a día

Como es de esperar, Libra trabaja y juega mucho. Los mejores días son una mezcla de los dos y, a menudo, terminan en una tarde con amigos.

La velocidad con la que Libra comienza la mañana depende de la hora en la que se acostara la noche anterior. Sin embargo, una salida nocturna a menudo se ve compensada con una noche acogedora en la que Libra decide acurrucarse en el sofá y leer sobre uno de sus muchos intereses.

Libra lleva su indecisión a donde sea que vaya, incluido al centro comercial. En lugar de comprar un suéter, comprará uno de cada color. Puede ser autocomplaciente, sobre todo cuando se trata de su apariencia. Tras comprar, Libra querrá comer en cualquier restaurante que sea conocido por sus magníficos platos. Las mejores comidas para este signo consciente de la imagen no solo saben deliciosas, sino que se ven espectaculares.

Día de la suerte	Número de la suerte
Viernes	4

Actividades que Libra disfruta

- Resolver crucigramas
- Visitar museos de arte
- Escuchar música
- Reorganizar y redecorar
- Ir en patinete
- Gastar dinero

Cosas que desafían a Libra

- Anarquía
- Discordia
- Hacer cosas solo
- Independencia
- Unilateralidad
- Desprolijidad
- Fealdad

De local y de visitante

A Libra le gusta que su casa sea sofisticada y relajante. Debe ser acogedora para las visitas y un lugar para recargar su energía. La sede central de este signo es el antídoto para las salidas nocturnas de diversión con amigos. Para Libra, el equilibrio es lo mejor.

Este signo no tiene problemas para gastar dinero en objetos ideales para su espacio. Como Tauro, está regido por Venus, la diosa de la belleza. Sin embargo, de todos los signos, Libra es el que más sabe hasta qué punto las personas evalúan a los demás según cómo vistan, dónde vivan o cómo hayan decorado sus casas. Los Libra hacen lo que dicen y se aseguran de que su decoración resista la mirada crítica de los demás.

Al sociable Libra le gusta visitar nuevos lugares, especialmente grandes ciudades, con una cultura ilimitada y muchas opciones de entretenimiento. Pero también se siente atraído por espacios abiertos, gracias al elemento aire de su naturaleza. En el fondo, son criaturas curiosas y ven el mundo a sus pies.

¿Dónde se siente Libra como en casa?

Las ciudades ofrecen el entretenimiento sin fin que Libra adora, como también la oportunidad de charlar con otros a donde sea que vaya y en cualquier momento del día. Si la ciudad es conocida por su maravillosa arquitectura o está rodeada de un paisaje espectacular, mucho mejor.

Maneras de diseñar tu espacio para alinearte con Libra

- Elegir muebles elegantes y de líneas limpias.
- Seleccionar colores apagados o neutros, para congeniar con el sentido sofisticado de Libra.
- Tener, al menos, una pieza de arte en cada habitación.
- Intentar mantener el equilibrio entre las habitaciones y dentro de cada una de ellas.

Lugares a los que Libra debe viajar

- El Cairo, Egipto
- Charleston, Carolina del Sur, Estados Unidos
- Dubrovnik, Croacia
- Jodhpur, India
- Lisboa, Portugal
- Ciudad de México, México
- Montreal, Canadá

Salud y bienestar

Este signo rige la piel, por lo que Libra debe ser muy cuidadoso con el protector solar y su cuidado en general. Visitar al dermatólogo con frecuencia puede ayudar con la sensibilidad, la resequedad y los brotes a los que Libra es propenso. También debe hidratarse mucho, ya que tiene el beneficio añadido de limpiar los riñones, otra parte del cuerpo regida por este signo. El zumo de arándanos también es muy recomendable para él.

Probablemente sea innecesario aclarar que Libra se toma su tiempo para cuidar de su apariencia, pero puede caer preso de una vocecita que le susurra que tal vez no sea tan maravilloso como cree. Silenciar su autocrítica interior requiere práctica. Libra puede beneficiarse del ejercicio que lo lleva a la naturaleza y lo ayuda a salirse de su mente.

Debido a que se nutre de los comentarios positivos, como cuando los amigos le dicen lo increíbles que son, las personas que nacen bajo este signo no disfrutan de la soledad. Cuanto más tiempo compartan con otras personas, más tiempo tendrán para ser admirados. Sin embargo, Libra haría bien en ir más allá de la superficie y tratar de encontrar la belleza interior.

Cosas que nutren a Libra

Pasar tiempo con amigos en un ambiente elegante, tal vez con una taza de té, alegra el alma de Libra. Es incluso mejor si la conversación analiza su último dilema y les da la oportunidad a todos de dar su opinión.

Maneras favoritas de estar activo

Ejercicios de equilibrio, patinaje artístico, gimnasia artística, yoga en pareja, surf, hacer ejercicio con un entrenador personal

Dolencias y lesiones para tener en cuenta

Acné y brotes, apendicitis, indecisión paralizante, miedo a la soledad, obsesión, resentimiento

Esencias y aceites esenciales

Almendra, ciclamen, narciso, fresia, geranio, pimienta rosa

Escorpio

EL ESCORPIÓN

23 de octubre
– 21 de noviembre

Todo sobre Escorpio

Escorpio disfruta de los extremos y le encanta la intensidad. Las personas que nacen bajo este signo no creen, simplemente, en hacer las cosas a medias. En su lugar, prefieren darlo todo (en juegos, a sus amigos, cuando buscan el propósito y el sentido) o nada. Son resolutivos, emocionales y extremos. Con un entusiasmo por probar todo lo que la vida tiene para ofrecer, lo bueno y lo malo, Escorpio disfruta de estar vivo.

Entre los símbolos de Escorpio, se encuentra el fénix, ave mítica que surge de las cenizas. Este es un signo poderoso, muy misterioso y capaz de la transformación. Pueden ser tan cautivantes como intimidantes.

Pocos signos demuestran tal grado de introspección e intuición. En términos sencillos, Escorpio se entiende a sí mismo. Escucha su monólogo interno y tiene un gran sentido de sus motivaciones, incluso si no suele comunicar esos descubrimientos a otras personas. A veces, esta conciencia de sí mismo hace que su comportamiento sea aún más enigmático. Si sabe que es capaz de actuar tan fieramente, ¿por qué insiste en hacerlo?

Cosas en las que Escorpio es muy bueno

Las personas de Escorpio son excelentes investigadores y detectives, con extensos poderes de percepción y cero tolerancia al sinsentido. También son bastante graciosos, ya que poseen un sentido del humor retorcido.

Maneras en que Escorpio puede esforzarse

Para un signo con conocimientos tan profundos de sí mismo y de los demás, Escorpio teme abrirse. Prefiere mantener a las personas a una distancia prudencial. Compartir los sentimientos reales requiere confianza y práctica, pero puede llevar a vínculos más fuertes a largo plazo.

Fortalezas y debilidades

FORTALEZAS	DEBILIDADES
◎ Devoto/a	◎ Se enfada con facilidad
◎ Disciplinado/a	◎ Hiriente
◎ Individualista	◎ Celoso/a
◎ Perspicaz	◎ Melancólico/a
◎ Resiliente	◎ Severo/a
◎ Consciente de sí mismo/a	◎ Reservado/a
◎ Ocurrente	◎ Desconfiado/a

ELEMENTO

Agua

REGIDO POR

Marte y Plutón

COLORES

Negro, borgoña

GEMAS Y MINERALES

Topacio imperial, obsidiana,
cuarzo ahumado

ANIMALES E INSECTOS

Águila, escorpión,
serpiente, lobo

PLANTAS Y FLORES

Cactus, dracaena, peonía

FAMOSOS DE ESCORPIO

Hillary Rodham Clinton,
Leonardo DiCaprio, Drake, Bill Gates,
Winona Ryder, Martin Scorsese,
Amandla Stenberg, SZA

Amistad y familia

Cuando le caes bien a una persona de Escorpio, tienes un amigo para toda la vida. Este leal signo ama con el mismo fervor y compromiso con el que hace cualquier otra cosa.

Debido a que Escorpio no se deja ver con facilidad, espera mucho de las personas que ha elegido para mostrarles su verdadera identidad. Esta actitud puede traducirse en posesividad y celos si se siente menospreciado de alguna manera.

Y ten cuidado del despreciado Escorpio. Este signo no necesita mucho para atacar, incluso a los que más quiere, entre ellos, a su familia. Utiliza su sarcasmo como arma, corta con críticas y ataca con ira. Cuando se siente herido o abatido, quiere que todos los demás se sientan de la misma manera.

Sin embargo, la mayoría de las veces, los beneficios potenciales pesan más que el picotazo. Escorpio dejará todo por un amigo en apuros y escuchará sus problemas con paciencia y atención. Por lo general, no se toma las cosas a la ligera y tampoco espera que sus amigos lo hagan, a menos que esté mostrando su característico ingenio sarcástico. Si ese es el caso, ríete. Escorpio lo hará.

Cómo llevarse bien con Escorpio

- ◎ Evitar curiosear en el alma de Escorpio.
- ◎ Ser genuino/a.
- ◎ Elevar el sarcasmo a una forma de arte.
- ◎ Darle toda tu atención a Escorpio (¡guarda tu teléfono!).

Signos con los que Escorpio se lleva bien

Cáncer
Capricornio
Piscis
Virgo

Signos que no entienden a Escorpio

Acuario
Leo
Tauro

El día a día

Establecer un objetivo para el día ayuda a Escorpio, incluso si resulta tan amplio como hacer un plan para disfrutar de lo que se le presente. Debe sentirse como si estuviera viviendo una vida activa, no que el tiempo pasa sin más. Además, incluso el Escorpio más extrovertido anhela la soledad antes de exponerse al mundo, con el aguijón preparado.

Intuitivo e individualista, Escorpio busca un abanico de experiencias acorde con su naturaleza emocional. Un día, esto puede significar hacer actividades en solitario o hacer *rafting* en rápidos; otro día, acomodarse en una hamaca y pensar sobre el sentido de la vida. Escorpio profundiza incluso cuando se relaja.

Sentirse vivo significa estar en contacto con cada sentido y cada emoción. Y, para Escorpio, sentirse más vivo suele ser sinónimo de sentirse completamente emocionado. Con frecuencia, encontrarás a este signo viendo la película de terror más espeluznante al final del día.

Día de la suerte	Número de la suerte
Martes	7

Actividades que Escorpio disfruta

- ◎ Astrología
- ◎ Introspección
- ◎ Explorar y viajar
- ◎ Tener secretos
- ◎ Resolver misterios
- ◎ Ver películas
- ◎ Yoga

Cosas que desafían a Escorpio

- ◎ Quedar atrapado en la rutina
- ◎ Traición
- ◎ Conformidad
- ◎ Cobardía
- ◎ Impotencia
- ◎ Hablar de cosas sin importancia
- ◎ Superficialidad

De local y de visitante

scorpio prospera en un ambiente que estimule todos los sentidos. Necesita aromas agradables, arte colorido, música cautivante, telas suaves y un plato lleno de bocados picantes. Siente hambre, sed, deseo y anhelo. Por lo tanto, se siente como en casa en un lugar que satisfaga todos sus apetitos.

Sin importar dónde viva, Escorpio necesita una zona que sea realmente suya. Puede ser una habitación, una oficina o un rincón, pero necesita que sea completamente suyo. Imagínalo como la manifestación física de su lado privado y reservado. Sin espiar, sin compartir.

Escorpio adora viajar. Visita nuevos lugares que le permitan sacar provecho de su lado intelectual y del emocional. Sin embargo, suele preferir pasar el tiempo en un solo lugar o, al menos, viajar a un ritmo lento. No le atrae un viaje corto y prefiere asentarse, permitiendo que los matices de un lugar se vayan revelando gradualmente.

¿Dónde se siente Escorpio como en casa?

Como sus signos hermanos, Cáncer y Piscis, Escorpio adora el agua. En particular, le gustan las zonas de transición, como los estuarios y los pantanos, que están llenos de vida y reflejan su naturaleza transformadora.

Maneras de diseñar tu espacio para alinearte con Escorpio

◎ Hacerlo único: el espacio de un Escorpio debe sentirse como el individuo que vive allí.
◎ Buscar mercadillos para encontrar objetos antiguos.
◎ Elegir colores o empapelados oscuros para una pared.
◎ Colgar cortinas opacas para crear un lugar de descanso privado.

Lugares a los que Escorpio debe viajar

◎ Alaska, Estados Unidos
◎ Bahía de Ha-Long, Vietnam
◎ Cataratas del Iguazú, Argentina y Brasil
◎ Lago Natrón, Tanzania
◎ Shanghái, China
◎ Transilvania, Rumania

Salud y bienestar

Escorpio utiliza la actividad física vigorosa para procesar los sentimientos intensos. Su lado competitivo lo lleva a la primera fila de cada clase de ejercicio y lo mantiene practicando hasta que pueda sustituir al entrenador.

Dada su tendencia al «todo o nada», Escorpio puede caer en hábitos y comportamientos poco saludables. Puede hacer ejercicio o trabajar hasta el punto del agotamiento, por ejemplo. Con respecto a la salud, debe cuidarse de los excesos. Lo mismo sucede con los riesgos y los desafíos. Ve y vive lo que la vida tiene para ofrecerte, Escorpio, pero recuerda hacerlo de forma segura.

La famosa intuición de este signo aplica a su mente y cuerpo. Este signo sabe lo que necesita para funcionar mejor. No espera para lidiar con los problemas o dar un giro cuando eligió una solución. Muestra una fuerza y una resiliencia internas extraordinarias.

Cosas que nutren a Escorpio

Este intenso signo se alimenta de la intensidad. A Escorpio le gustan los sabores fuertes y las experiencias extremas, empujando los límites y sintiéndolo todo a flor de piel. Si es un poco aterrador para otro signo, probablemente sea superdivertido para Escorpio.

Maneras favoritas de estar activo

Arquería, entrenamiento con la elíptica,
lanzamiento de hacha, *kick-boxing*,
Krav Maga, Muay Thai, trapecio

Dolencias y lesiones para tener en cuenta

Personalidad evitativa, estreñimiento,
secretismo extremo, fatiga, celos, mentiras

Esencias y aceites esenciales

Anís, cedro, gardenia, jacinto,
jazmín, rosa, glicina

Sagitario

EL ARQUERO

22 de noviembre
– 21 de diciembre

Todo sobre Sagitario

Sagitario es el ruido de la cremallera de una maleta cerrándose, del despegue de un avión, del sello en un pasaporte. Las personas que nacen bajo este signo vinieron al mundo para deambular. Míralos irse.

El salvaje Sagitario no quiere que lo domestiquen y no soporta estar acorralado. Enamoradas del camino abierto y la libertad, las personas de Sagitario detestan el compromiso y la reclusión, por lo que prefieren tener opciones el mayor tiempo posible. De lo contrario, se ponen nerviosos.

Sin embargo, este signo tiene otro lado que busca el conocimiento espiritual con diligencia y concentración. El inteligente Sagitario busca el significado profundo de la vida mediante los viajes, la educación y la conversación. Es un maestro paciente, como también un narrador talentoso. Gracias a sus viajes, la mayoría de las personas de este signo tienen una lista de bromas y anécdotas absurdas.

Aunque son amistosos, entretenidos y agradables, Sagitario todavía choca con la idea de decir «lo correcto». Prefiere una honestidad radical. Simplemente, no puede guardarse los comentarios, aunque lo intente. En cambio, se siente casi siempre obligado a hablar con sinceridad, incluso cuando la amabilidad o el silencio serían más apropiados.

Cosas en las que Sagitario es muy bueno

Siempre optimista, Sagitario vive con un idealismo contagioso. Este signo inspira a otros, en todas las formas posibles, ya sea ayudando a sus amigos a ampliar sus horizontes, comprometerse con un plan, explorar un destino exótico o liberarse de una obediencia ciega.

Maneras en que Sagitario puede esforzarse

Sagitario tiene una inocencia infantil a la hora de revelar la verdad sobre personas o situaciones. Este signo funciona desde un lugar de honestidad y jamás tiene malas intenciones. Sin embargo, un poco de tacto podría evitar que hiera a otros sin querer.

Fortalezas y debilidades

FORTALEZAS	DEBILIDADES
◎ Abierto/a de mente	◎ Descuidado/a
◎ Alegre	◎ Desorganizado/a
◎ Animado/a	◎ Distraído/a
◎ Honesto/a	◎ Impreciso/a
◎ Curioso/a	◎ Naif
◎ Positivo/a	◎ Grosero/a
◎ Modesto/a	◎ Insípido/a

ELEMENTO
Fuego

REGIDO POR
Júpiter

COLORES
Naranja, morado

GEMAS Y MINERALES
Lepidolita, sugilita, turquesa

ANIMALES E INSECTOS
Luciérnaga, caballo,
búho, cebra

PLANTAS Y FLORES
Clavel, coleus,
diente de león

FAMOSOS DE SAGITARIO
Jane Austen, Walt Disney,
Jimi Hendrix, Nicholas Hoult,
Scarlett Johansson, Nicki Minaj,
Janelle Monáe, Taylor Swift

Amistad y familia

El popular Sagitario tiene una mente abierta y un espíritu libre en la amistad. Como resultado, tiene un gran círculo de amigos y conocidos. Este signo conecta con facilidad y da la bienvenida a todo el mundo para compartir un buen rato o unirse a la próxima escapada.

En las conversaciones, a Sagitario le gusta explayarse con libertad, al igual que sus viajes. Tiene un sentido del humor excelente, casi alocado, y disfruta de las bromas. Todos sus viajes le aportan muchas buenas anécdotas. Aun así, este signo no evita las conversaciones sobre temas complejos, dado su amor por la espiritualidad, la sabiduría y la filosofía.

El deseo de ser percibido como alguien especial, junto con una falta total de filtro, significa que Sagitario dice cosas equivocadas a veces. En el mejor de los casos, podría trabajar en el desarrollo de algo de tacto o en pensar antes de hablar. En el peor de los casos, puede ser extremadamente grosero, incluso hiriente. La sinceridad no siempre es la mejor política.

Cómo llevarse bien con Sagitario

- ◎ Ser un alma libre.
- ◎ Disfrutar del aire libre.
- ◎ Reír mucho.
- ◎ Disfrutar de los deportes.
- ◎ Contar chistes graciosos.

Signos con los que Sagitario se lleva bien

Acuario
Aries
Leo
Libra

Signos que no entienden a Sagitario

Géminis
Piscis
Virgo

El día a día

Con su entusiasmo característico, las personas de Sagitario convierten las caminatas más corrientes en una oportunidad para observar y descubrir. Como tal, la vida con Sagitario rara vez es aburrida. Confía en que este signo encontrará un encantador parquecito o una excelente cafetería en un vecindario en el que has estado miles de veces. Siempre puede enseñarte algo nuevo sobre un lugar que crees conocer.

Sagitario adora planificar, ya que es entonces cuando las posibilidades parecen más ilimitadas. Todo es posible al principio. Sin embargo, terminar lo que se empieza puede ser más complicado, porque uno comienza a chocar con reglas y límites, dos cosas que frenan el espíritu de Sagitario. Entonces, su entusiasmo flaquea.

Un día ideal para este signo incluye tiempo al aire libre y entrenando la mente, preferentemente con un amigo con el que pueda hablar y compartir pensamientos. El día, o la noche, también debe incluir una experiencia que expanda la mente de estos buscadores de sabiduría.

Día de la suerte	Número de la suerte
Jueves	3

Actividades que Sagitario disfruta

- Acampar
- Andar a caballo
- Practicar y ver deportes
- Hablar con libertad
- Viajar
- Ver documentales y programas de viajes

Cosas que desafían a Sagitario

- Aislamiento
- Dependencia
- Reglas excesivas
- Ignorancia
- Enfermedad
- Mentiras
- Quedarse sin lugares por visitar

De local y de visitante

Si algún signo estuviera destinado a viajar, ese es Sagitario. Representado por el arquero, Sagitario disfruta de volar, deambular, vagar y explorar. ¿Ningún destino en mente? No hay problema. ¿No tienes dónde hospedarte cuando llegues? No te preocupes. Las personas de este signo adoran todos los viajes, ya sean grandes o pequeños, y no se preocupan por los detalles.

Por desgracia, hay que preocuparse por los detalles, como comprar los billetes, elegir los hoteles, etcétera. Al inquieto Sagitario le vendría bien detenerse y concentrarse en ellos, en lugar de delegarle ese trabajo a los demás.

En casa, Sagitario exige espacio y libertad. Incluso cuando se lo obliga a estar dentro, este signo estará junto a la ventana, admirando su amada naturaleza y fantaseando sobre su próximo viaje.

¿Dónde se siente Sagitario como en casa?

Este signo adora estar al aire libre, especialmente bajo un cielo estrellado u observando un horizonte sin fin. Sin embargo, al mismo tiempo, Sagitario tiene un lado espiritual que se siente como en casa en lugares sagrados.

Maneras de diseñar tu espacio para alinearte con Sagitario

◎ Usar madera y telas naturales para crear una atmósfera rústica.
◎ Colocar recuerdos extravagantes de viajes pasados.
◎ Evitar cualquier cosa que combine demasiado.
◎ Tener una pared llena de plantas para traer el exterior al interior.

Lugares a los que Sagitario debe viajar

◎ Angkor Wat, Camboya
◎ Budapest, Hungría
◎ Parque Nacional de los Glaciares, Montana, Estados Unidos
◎ Islandia
◎ Jerusalén, Israel
◎ Parque Nacional Kruger, Sudáfrica
◎ Machu Picchu, Perú
◎ Nueva Zelanda

Salud y bienestar

Con un amor instintivo por los deportes, las personas de Sagitario suelen ser excelentes atletas. Sin embargo, este signo es especialmente propenso a los accidentes. Incluso cuando busca aventuras en el horizonte, sería prudente que mirara, literalmente, antes de saltar.

En su inagotable búsqueda de aventuras, Sagitario no siempre se da cuenta de que se está quedando sin energía. Las personas que nacen bajo este signo podrían escuchar mejor a su cuerpo. Mientras planifican su próximo viaje épico, deben considerar situaciones que podrían causar estrés, presión o dolor y planificar con antelación.

Este signo rige las caderas y los muslos, por lo que estas dos áreas suelen estar tensas, especialmente tras un día caminando sin parar. Además de estirarse regularmente, la risa eleva el espíritu de Sagitario y quiere que las personas que lo rodean también lo hagan.

Cosas que nutren a Sagitario

Para mantener su espíritu viajero, Sagitario adora probar comidas exóticas, explorar lugares desconocidos, conocer personas y llenar su cerebro de ideas. Está en la búsqueda de conocimiento, y es este lo que lo sostiene.

Maneras favoritas de estar activo

Danza del vientre, CrossFit, clases fusión, carreras de larga distancia, *parkour*, escalada, patinaje sobre ruedas

Dolencias y lesiones a tener en cuenta

Nerviosismo, claustrofobia, torpeza, dolor de caderas, inmadurez, procrastinación

Esencias y aceites esenciales

Cardamomo, iris, mirra, melocotón, azafrán, árbol de té, violeta

Capricornio

LA CABRA

22 de diciembre
– 19 de enero

Todo sobre Capricornio

Capricornio es el rey del autocontrol. Esta característica lo ayuda a superar cualquier obstáculo que se cruce en su camino hacia sus objetivos. Como su animal del Zodíaco, la cabra escala insistentemente y trepa con diligencia. Conquista, alcanza sus metas y sube a la cima.

Ese autocontrol le brinda a Capricornio sensatez y practicidad. Es capaz, emprendedor y meticuloso. Pero también le brinda un lado rígido y tradicional, que se somete a la autoridad y admira las costumbres. «Así se hace» podría ser el mantra de Capricornio.

Sin duda, este signo tiene una vibración paternal. Es el signo estable y calmado que quieres que te tome la mano durante una crisis, o al que llamas cuando necesitas ayuda con un asunto aburrido pero necesario, como pagar tus impuestos. El «modo padre» le permite a Capricornio ir al grano y hacer lo que es necesario. Al mismo tiempo, pueden obsesionarse con las reglas y preocuparse por lo que piensen los vecinos. Una gota de fantaseo de vez en cuando, o una cucharada de espontaneidad, ayudaría a Capricornio a soltarse.

Cosas en las que Capricornio es muy bueno

Muchos signos sueñan a lo grande, pero Capricornio, el signo constante y orientado al detalle, tiene el ímpetu necesario para hacer que se cumplan sus objetivos. Este signo acepta la responsabilidad y se enorgullece de mantener las tradiciones.

Maneras en que Capricornio puede esforzarse

Capricornio puede ser conservador y serio, prudente y perseverante. Junto con el trabajo duro, estas cualidades llevan a resultados. Sin embargo, este signo podría soltarse y divertirse de vez en cuando.

Fortalezas y debilidades

FORTALEZAS	DEBILIDADES
◎ Cuidadoso/a	◎ Calculador/a
◎ Sensato/a	◎ Condescendiente
◎ Orientado/a a los objetivos	◎ Convencional
◎ Trabajador/a	◎ Oportunista
◎ Metódico/a	◎ Autoritario/a
◎ Perseverante	◎ Pesimista
◎ Independiente	◎ Inflexible

ELEMENTO

Tierra

REGIDO POR

Saturno

COLORES

Café oscuro, verde bosque

GEMAS Y MINERALES

Ámbar, crisoprasa, howlita

ANIMALES E INSECTOS

Castor, ciervo, cabra,
gusano de seda

PLANTAS Y FLORES

Bonsái, potus, bolsa de pastor

FAMOSOS DE CAPRICORNIO

Timothée Chalamet,
Martin Luther King Jr.,
LeBron James, Julia Louis-Dreyfus,
Lin-Manuel Miranda, Dolly Parton,
Elvis Presley, Greta Thunberg

Amistad y familia

Sin importar su verdadera edad, la mayoría de las personas de Capricornio parecen haber pasado por alto las locuras juveniles y haber aterrizado de lleno en la edad adulta. Son amigos estables, maduros y auténticos, el tipo de persona a la que recurres en una emergencia o cuando más necesitas resolver algún asunto.

Si hablamos de terminar procesos, Capricornio prefiere hacerlo solo. Sin embargo, aprecia a sus amigos y familiares, incluso si a este signo no le gustan las demostraciones de cariño.

Las personas de este signo pueden ser rígidas, pues les gustan las reglas. Antes de que alguien haga una crítica, debería recordar que necesitamos reglas; sin ellas, daríamos vueltas en el caos absoluto, como niños en una tienda de dulces.

La posición y la reputación son importantes para Capricornio. Las personas que nacieron bajo este signo desean ser admiradas, especialmente por sus logros y esfuerzos. Quieren respeto, pero, gracias a su diligencia y productividad, suelen habérselo ganado.

Cómo llevarse bien con Capricornio

- ◎ Celebrar los esfuerzos y los logros de Capricornio.
- ◎ Tener éxito por mérito propio.
- ◎ Obedecer las reglas.
- ◎ Tener calma.

Signos con los que Capricornio
se lleva bien

Piscis
Escorpio
Tauro
Virgo

Signos que no entienden a Capricornio

Aries
Cáncer
Libra

El día a día

Un día de una persona de Capricornio es un día organizado, y muy similar al día anterior (y al día siguiente). La predictibilidad hace que este signo se sienta seguro; la espontaneidad lo hace sentir ansioso.

La rutina diaria también incluye el trabajo. Los capricornianos son los caballos de carga del Zodíaco, los que llevan el peso en sus espaldas. Es probable que hasta los fines de semana incluyan algún tipo de esfuerzo o trabajo, ya sea en casa o colaborando en la comunidad. Hacen cosas por los demás, en parte porque les gustan los elogios que reciben por ello.

Relajarse no es fácil para este signo. Los pasatiempos de Capricornio, tal como son, deben tener resultados tangibles: pintar, tocar un instrumento, hornear o hacer proyectos de manualidades son buenas opciones, si es que Capricornio logra alejarse de la rutina (con especial énfasis en «si»).

El trabajo duro y la ambición suelen llevar al éxito laboral a Capricornio. Gana dinero y después lo guarda en el banco. Austero y previsor, suele ser un excelente ahorrador.

Día de la suerte	Número de la suerte
Sábado	5

Actividades que Capricornio disfruta

◎ Juegos de cartas
◎ Carpintería/Proyectos de manualidades
◎ *Trading* intradiario
◎ Decorar para las festividades (manteniendo las tradiciones familiares)
◎ Genealogía
◎ Tocar un instrumento

Cosas que desafían a Capricornio

◎ Romper las reglas
◎ Exteriorizar los sentimientos
◎ Indulgencia
◎ Perder el control
◎ Lugares ruidosos
◎ Espontaneidad
◎ Tiempo no estructurado

De local y de visitante

Capricornio cree que la calidad es mejor que la cantidad y su hogar se percibe como clásico y atemporal, ordenado y organizado. No hay lugar para el caos, bibliotecas endebles o mesitas improvisadas. En cambio, hay varios espacios de trabajo con excelente iluminación y conexión accesible.

A este signo le gustan los colores terrosos, que ofrecen una sensación de arraigo. La casa de un Capricornio es un lugar de estabilidad y seguridad. Las fotos y los premios hacen alarde de sus triunfos.

Como personas maduras y responsables, los Capricornio se llevan consigo muchos mapas y guías de viaje a donde vayan. No solo imprimen itinerarios, sino que los guardan en carpetas de plástico para que no se echen a perder. Encontrarás a este signo en el camino, haciéndole preguntas al guía y luego cotejando las respuestas con la investigación que hizo con anterioridad.

¿Dónde se siente Capricornio como en casa?

Como signo de tierra, Capricornio funciona bien en lugares que parecen sólidos e invariables, como las montañas o los monumentos históricos. Las personas de este signo también tienen una conexión profunda con los árboles y los bosques.

Maneras de diseñar tu espacio para alinearte con Capricornio

- Comprar los objetos más refinados que puedas pagar.
- Agregar algunas antigüedades o reliquias familiares.
- Combinar colores terrosos, especialmente el café.
- Colgar diplomas o galardones.
- Mantener un estilo clásico.

Lugares a los que Capricornio debe viajar

- Boston, Massachusetts, Estados Unidos
- Chipre
- Lalibela, Etiopía
- Monte Everest, Nepal y Tíbet
- Parque Nacional de Redwood, California, Estados Unidos
- Stonehenge, Reino Unido
- Parque Nacional Torres del Paine, Chile
- Ciudad del Vaticano

Salud y bienestar

A la legendaria ética laboral de Capricornio la acompaña su mítica tolerancia al estrés. Si bien un poco de estrés puede proporcionar un sentido de urgencia e incitar a la productividad, demasiado puede conducir a graves problemas. Para Capricornio, el trabajo es generalmente la solución a la mayoría de los problemas. Este signo necesita tener cuidado con una cantidad poco saludable de adrenalina y presión.

El ejercicio ayuda, y Capricornio adora la estructura y la repetición. Un camino o rutina favorito lo llena de una sensación de comodidad y confianza, no de aburrimiento y monotonía. Capricornio quiere ver resultados y beneficios, por lo que suele llevar las cuentas de los kilómetros o repeticiones para ver si debe ajustarlos.

Este enfoque práctico se extiende al cuidado de sí mismo. Capricornio prefiere progresar en lo que puede monitorear. De otro modo, el intento de autocuidado será postergado para hacer otra cosa. Las esencias y los aceites esenciales pueden ser una manera rápida y eficaz de ayudar a este signo a relajarse.

Cosas que nutren a Capricornio

Los Capricornio necesitan ver resultados, incluso durante su tiempo de descanso. Por eso, este signo disfruta de actividades que puedan darles logros mesurables, como escalar la cima de una montaña, quitar la maleza de un jardín, convertir un garaje en un gimnasio hogareño u hornear el mejor pan del mundo.

Maneras favoritas de estar activo

Ballet, buceo, *hockey*, correr, kayak,
montañismo, caminatas ligeras

Dolencias y lesiones para tener en cuenta

Ansiedad, fracturas óseas,
osteoporosis, trabajo excesivo,
perfeccionismo, deterioro dental

Esencias y aceites esenciales

Angélica, comino, roble, pino, hierba
dulce, teca, tomillo, tulipán

Acuario

EL PORTADOR DE AGUA

20 de enero – 18 de febrero

Todo sobre Acuario

Considérate afortunado de tener un Acuario en tu vida. Este signo es único, realmente original, un inventor creativo y un pensador innovador. De hecho, se suele considerar a Acuario el miembro más inteligente del Zodíaco.

Sin embargo, el gran intelecto acuariano no deja mucho espacio para la emoción. Acuario tiene poca paciencia para los sentimientos, ya sean propios o ajenos. En su expresión más extrema, las personas que nacen bajo este signo pueden actuar como extraterrestres de visita en la Tierra. Viven felices en sus mentes o en sus dispositivos, con cero interés en ser alguien distinto a su excéntrico ser.

Para un signo que puede ser independiente hasta el punto de la rebeldía, Acuario tiene una veta humanitaria enorme. Las personas de este signo se preocupan por la comunidad. Como grandes creyentes en la tolerancia y el compromiso con la responsabilidad social, son defensores dedicados de la diversidad, la equidad y la inclusión.

Acuario tiende a ser alegre, en parte porque esta energía positiva ayuda a que otras personas acepten sus ideas, que a menudo son poco ortodoxas. Si alguien puede proponer una solución para los problemas más urgentes de la sociedad (y lograr que todos los habitantes del planeta participen), ese es Acuario.

Cosas en las que Acuario es muy bueno

Donde la mayoría ve un problema, Acuario ve posibilidades. Con una visión firme en el futuro, este signo adora imaginar, inventar, experimentar, innovar, crear y descubrir lo que está por venir.

Maneras en que Acuario puede esforzarse

Acuario, con una mentalidad comunitaria, podría hacer un mejor trabajo en las interacciones individuales. A veces, este signo se siente superior a los demás y no duda en demostrarlo. Pero, para lograr un consenso, se suele comenzar con una conexión a nivel individual y, en ocasiones, incluso con un compromiso.

Fortalezas y debilidades

FORTALEZAS	DEBILIDADES
◎ Elocuente	◎ Distante
◎ Orientado/a al futuro	◎ Infantil
◎ Ingenioso/a	◎ Desconectado/a
◎ Lógico/a	◎ Nervioso/a
◎ Altruista	◎ Insensible
◎ Progresivo/a	◎ Rebelde
◎ Tolerante	◎ Desconsiderado/a

ELEMENTO

Aire

REGIDO POR

Saturno y Urano

COLORES

Azul eléctrico, azul cielo

GEMAS Y MINERALES

Fluorita, lapislázuli, sodalita

ANIMALES E INSECTOS

Axolótl, nutria,
pangolín, guérrido

PLANTAS Y FLORES

Orquídea, begonia rex,
planta rosario

FAMOSOS DE ACUARIO

Elizabeth Banks, Henry Golding,
Tom Hiddleston, Alicia Keys,
Toni Morrison, Questlove,
Cristiano Ronaldo, Harry Styles

Amistad y familia

Dado el nombre (Acuario) y el símbolo (portador de agua), es fácil confundir a Acuario con un signo de agua emocional. Esto sucede hasta que conoces a alguien de este signo en persona. La verdad es que este signo de aire prefiere los pensamientos a los sentimientos, las ideas a las emociones, los actos a la empatía. Cuando otros signos te den un abrazo, Acuario te dará una solución.

A pesar de no querer lidiar con los sentimientos, Acuario atrae un grupo de amistades grande y diverso. De mente abierta y tolerante, cree en la celebración de la singularidad de cada uno, al igual que se deleita con la propia. Los conformistas no deben acercarse a él.

Cualquier persona se puede topar con la terquedad de Acuario, pero sus amigos y familia están especialmente acostumbrados a ella. Acuario, simplemente, no cederá cuando le pidan compromiso o hacer concesiones sobre quién es y lo que cree. Aun así, tiende a ser muy alegre y amable, y tal vez estas cualidades sean el secreto para salirse con la suya con tanta frecuencia.

Cómo llevarse bien con Acuario

- ◎ Preocuparse por la responsabilidad social.
- ◎ Demostrar excentricidades.
- ◎ Vivir con ética.
- ◎ Valorar lo que hace único a Acuario.

Signos con los que Acuario se lleva bien

Aries
Géminis
Libra
Sagitario

Signos que no entienden a Acuario

Leo
Escorpio
Tauro

El día a día

Por muy mental que sea, Acuario disfruta de salir y explorar. Quiere ver cómo se desarrollan sus problemas en el mundo real, añadiendo a su base de datos mental lo que se debe solucionar. Después de todo, no puede crear, inventar o modificar algo que no comprende.

El voluntariado le permite a Acuario hacer algo por su comunidad de una manera efectiva y concreta. Su humanitarismo lo incentiva a involucrarse con distintas organizaciones benéficas y sin fines de lucro, mientras que su progresismo y tolerancia lo convierte en un defensor del cambio real en sus comunidades.

Como ser racional, el lógico Acuario adora debatir. Se apoya en su característica simpatía para iniciar conversaciones con cualquier persona, pero tiene dificultades para terminar una discusión una vez que ha comenzado. Tampoco te molestes en pedirle llegar a un acuerdo.

A Acuario no podrían interesarle menos los logros o el estatus, pero tiene una sola excepción: la cultura. Este signo estará en la primera fila de un festival de música de vanguardia o en una exhibición que explora la ciencia y la tecnología, y será también el primero en asistir a un festival de cine de ciencia ficción.

Día de la suerte	Número de la suerte
Miércoles	12

Actividades que Acuario disfruta

◎ Astronomía
◎ Programación
◎ Lógica y rompecabezas
◎ Hacer arte digital
◎ Jugar a videojuegos
◎ Probar datos útiles

Cosas que desafían a Acuario

◎ Acuerdo
◎ Tradición
◎ Fastidio
◎ Histrionismo
◎ Intolerancia
◎ Limitaciones
◎ Mirar hacia el pasado

De local y de visitante

En el hogar, Acuario quiere estar conectado y preparado para la inspiración, que puede llegar en cualquier momento, por lo que tiene sus artefactos favoritos a mano y cargadores por doquier. En general, su espacio emite una vibración de limpieza y minimalismo. Plásticos, metales y vidrio de alta calidad generan un efecto ultramoderno.

No te sorprendas si Acuario remodela hasta un apartamento alquilado, pues este signo necesita un hogar que sea tan peculiar como ellos.

Con un fuerte interés en el futuro, Acuario adora la tecnología y cree en su poder para mejorar nuestras vidas. Su equipo de viaje puede parecer salido de una película de espías de alta tecnología, pero lo ayuda a evitar inconvenientes, como un compañero demasiado charlatán o una conectividad inestable. Acuario suele estar años luz adelantado del resto de nosotros.

¿Dónde se siente Acuario como en casa?

Hasta que Acuario pueda llegar a la Luna, este signo se conformará con experimentar lugares místicos de la Tierra, en particular aquellos que tienen paisajes asombrosos. También le gustan las ciudades futuristas y con un enfoque tecnológico.

Maneras de diseñar tu espacio para alinearte con Acuario

- Optar por el minimalismo en lugar del maximalismo.
- Escoger piezas modulares de plástico, metal o vidrio.
- Incorporar la última tecnología.

Lugares a los que Acuario debe viajar

- Abu Dabi, Emiratos Árabes Unidos
- Pekín, China
- Helsinki, Finlandia
- Nairobi, Kenia
- Estructura de Richat, Mauritania
- Seúl, Corea del Sur
- Silicon Valley, California, Estados Unidos
- Monumento Nacional Vermilion Cliffs, Arizona, Estados Unidos

Salud y bienestar

Algunos signos hacen ejercicio porque les gusta cómo sienten luego su cuerpo, mientras que otros lo hacen porque saben que les aporta grandes beneficios. Acuario tiende a caer en este segundo grupo, y reconoce que un cuerpo sano ayuda al funcionamiento de la mente.

Acuario parece también apto para practicar deportes individuales o en equipo. En solitario, puede mantener por completo la concentración en el proyecto o plan que esté desarrollando en su mente. Sus cálculos internos constantes lo hacen un excelente estratega en el campo, y su desapego emocional lo convierte en un oponente formidable.

Por fuera, Acuario se mantiene tranquilo y sereno. Por dentro, sin embargo, podría presentarse una situación completamente distinta. Este signo es reticente a procesar, y mucho menos a revelar, su lado emocional; pero claro que lo tiene. Encontrar maneras productivas de lidiar con los sentimientos es un desafío necesario para este signo.

Cosas que nutren a Acuario

Las personas nacidas bajo este signo tienen una gran variedad de intereses y causas que le dan forma y propósito a su vida. Por lo tanto, aunque los detalles varíen, los acuarianos comparten su amor por la filantropía, como también una individualidad distintiva. Disfrutan ser siendo ellos mismos.

Maneras favoritas de estar activo

Yoga aéreo, bádminton, ejercicio isométrico, subir escaleras, trampolín, trapecio, *windsurf*

Dolencias y lesiones para tener en cuenta

Anemia, dificultad en las interacciones sociales, desapego emocional, calambres en las piernas, esguince de tobillo, venas varicosas

Esencias y aceites esenciales

Pimienta negra, crisantemo, cáñamo, cedrón, regaliz, loto

Piscis

DOS PECES

19 de febrero – 20 de marzo

Todo sobre Piscis

El Zodíaco comienza con Aries, pasional y valiente, y termina con Piscis, soñador e imaginativo. Piscis camina con los pies en la tierra, pero con la cabeza en las nubes. Tiene un aire romántico y místico.

Pocos signos tiene un espíritu tan artístico. El acto de creación lo ayuda a unir los dos mundos en los que vive Piscis. Pinta, dibuja, escribe poemas y canciones, pero no esperes que saque la basura o llegue a tiempo. Tiene otras preocupaciones.

Piscis siente intensa y efusivamente. Este signo absorbe energía y emociones de todo lo que ve, escucha, conversa, toca y siente. Esta empatía lo convierte en una persona cariñosa y devota, alguien que siempre es amable y compasivo.

Pero esta sensibilidad absorbente puede restarle importancia al sentido de identidad de Piscis, que tiende a absorber en lugar de actuar. Los nacidos bajo este signo suelen ser personas pasivas. Si no son cuidadosos, pueden perderse en aquellos que tienen personalidades más fuertes y asertivas.

Cosas en las que Piscis es muy bueno

Un signo que está tan en armonía con los sueños y las vibraciones habita naturalmente en un mundo de fantasía, y esto da lugar a creaciones imaginativas. Piscis está entre los poetas, artistas, directores de cine, músicos y creadores más prolíficos del Zodíaco.

Maneras en que Piscis puede esforzarse

Poner límites no es propio de Piscis, pues este signo abarca todo de todos. Pero es importante tener, al menos, algunos límites, ya que estar conectados con otros puede llevar a Piscis a ser controlado por los deseos o las voluntades de otras personas.

Fortalezas y debilidades

FORTALEZAS	DEBILIDADES
◎ Artístico/a	◎ Despistado/a
◎ Compasivo/a	◎ Soñador/a
◎ Perceptivo/a	◎ Ingenuo/a
◎ Romántico/a	◎ Poco práctico/a
◎ Comprensivo/a	◎ Indirecto/a
◎ Empático/a	◎ Pasivo/a
◎ Desinteresado/a	◎ Autonegación

ELEMENTO

Agua

REGIDO POR

Júpiter y Neptuno

COLORES

Aguamarina, verdemar, turquesa

GEMAS Y MINERALES

Aguamarina, cuarzo cristal, perla

ANIMALES E INSECTOS

Delfín, elefante,
pez, polilla

PLANTAS Y FLORES

Lazo de amor, nenúfar, zamioculca

FAMOSOS DE PISCIS

Ruth Bader Ginsburg,
Justin Bieber, Simone Biles,
Albert Einstein, Spike Lee,
Lupita Nyong'o, Elliot Page,
Elizabeth Taylor

Amistad y familia

Las personas acuden a Piscis intuyendo, correctamente, la capacidad de este signo para empatizar. A su vez, este signo les ofrece su reconocida amabilidad y compasión. Sin embargo, no es tan extrovertido como aparenta. De hecho, suele tener un pequeño grupo de amigos íntimos, rodeado de círculo tras círculo de simples conocidos.

Esos amigos íntimos, algunos de los cuales se remontan a su infancia, suelen convertirse en miembros de su familia. Piscis es leal a su tribu. Empatiza con todos, pero adora a sus mejores amigos y familiares.

Ser amigo o pariente de una persona de Piscis conlleva una gran responsabilidad. Después de todo, estas personas ven en primer lugar lo sensible que puede ser este signo. Han sido testigos de cómo Piscis se siente abrumado por la preocupación o paralizado por el esfuerzo de brindar tanto cuidado y consideración hacia los demás. Por lo tanto, tienen que hacer lo posible para no hacer más pesada su carga o aprovecharse de su bondad.

Cómo llevarse bien con Piscis

- ◎ Ser práctico/a y sensato/a.
- ◎ Elogiar las creaciones piscianas.
- ◎ Mostrar un lado sentimental.
- ◎ Hablar sobre los sueños.

Signos con los que Piscis se lleva bien

Cáncer
Capricornio
Escorpio
Tauro

Signos que no entienden a Piscis

Géminis
Sagitario
Virgo

El día a día

La mayoría del tiempo, el cariñoso Piscis prospera en el gran mundo. Cuando otros son felices, las personas de este signo también lo son. Les gustan los conciertos, los eventos sociales, ver deporte o simplemente juntarse con otras personas. Su día perfecto consiste en pasar el rato con personas alegres.

Del mismo modo, cuando otros son infelices, Piscis se entristece. Lo mismo sucede si alguien se irrita, se enfada, se avergüenza, se preocupa, se asusta… La lista continúa. Este signo está dispuesto, exageradamente, a asumir cualquier sentimiento que flote a su alrededor, como un mantel manchado por una bebida derramada o una ciudad envuelta en niebla. La emoción negativa penetra y transforma a Piscis.

Al final, este signo necesitará escapar. A veces, simplemente se esconde en su mente y usa su imaginación para reescribir la situación, mientras que otras, necesita escapar literalmente y volver a casa.

Día de la suerte	Número de la suerte
Viernes	8

Actividades que Piscis disfruta

- Soñar despierto
- Magia
- Hacer arte y música
- Juegos de rol
- Navegar
- Nadar
- Lectura de tarot

Cosas que desafían a Piscis

- Apatía
- Estar rodeado de tierra
- Hostilidad
- Falta de imaginación
- Practicidad
- Frialdad
- Burlas

De local y de visitante

Cuando el mundo es demasiado abrumador, Piscis necesita un lugar donde relajarse. Por lo tanto, su hogar suele ser confortable, con muchos espacios para descansar en el interior y en el exterior. Cuanto más mullido y suave, mejor. Todo, desde las líneas de los muebles hasta la decoración, emana una sensación de bienestar y tranquilidad.

Como es de esperar de un signo de agua representado por peces, Piscis funciona mejor cuando está cerca del agua. Aunque las vistas sean bonitas, este signo elegirá los acuarios, las fuentes e, incluso, las fotos de ríos y océanos. Podría pintar las paredes a cuadros o rayas azules, o decorar con corales, caracolas marinas y bambú.

Para continuar con la temática acuática, los cruceros son una opción ideal para un viaje para Piscis. No solo le permite satisfacer su amor por el mar, sino también ceder el control de la planificación y los detalles. Es todo lo que necesita para relajarse.

¿Dónde se siente Piscis como en casa?

Como un verdadero signo de agua, Piscis adora estar cerca de lagos, ríos y, especialmente, océanos. La corriente hace eco de su propio viaje de ida y vuelta de este mundo a otro, de lo tangible a lo intangible, desde todas las personas hasta ellos mismos.

Maneras de diseñar tu espacio para alinearte con Piscis

◎ Pintar de tonos azules una pared.
◎ Reservar un lugar para crear o soñar despierto.
◎ Colocar almohadones y mantas para descansar al máximo.

Lugares a los que Piscis debe viajar

◎ Antártida
◎ Bahamas
◎ Cartagena, Colombia
◎ Casablanca, Marruecos
◎ Islas Fiyi
◎ Salar de Uyuni, Bolivia
◎ Seattle, Washington, Estados Unidos
◎ Gales, Reino Unido

Salud y bienestar

Vivir una vida tan fantasiosa suele hacer que Piscis se olvide de su vida real. A veces, necesita recibir un codazo o un recordatorio para hacer ejercicio, del mismo modo que lo necesita para pagar las facturas, cerrar el depósito de combustible, quitar las llaves de la puerta... Piscis puede ser despistado y distraído.

Una de las críticas que recibe este signo es que es muy perezoso. ¡Y no es así! La verdad es que ser tan empático como Piscis puede desgastar mucho. Empaparse en los sentimientos de todo el mundo conlleva mucho esfuerzo y energía. Es comprensible que necesite recargar las pilas. En este caso, estar tranquilo es una forma de autocuidado, no un signo de pereza.

Hablando de acostarse, Piscis rige los pies. Por lo tanto, una pedicura, un masaje de pies o el clásico baño con sales pueden ser buenas maneras de reponer un alma agotada o combatir el dolor de pies.

Cosas que nutren a Piscis

Piscis valora sus fantasías. La imaginación es su configuración de fábrica y recurre a esta particularidad de su ser para crear y expresar su personalidad. Además de sus búsquedas artísticas, suele hallar confort en la espiritualidad.

Maneras favoritas de estar activo

Ciclismo acuático, zumba acuática,
danza moderna, qigong, surf
de remo, esquí acuático

Dolencias y lesiones a tener en cuenta

Pie de atleta, juanetes y callos,
ensoñación compulsiva, espolón,
letargo, trastorno del sueño

Esencias y aceites esenciales

Casia, champaca, hibisco, mango,
musgo de roble, abeto, vetiver

Tu lugar en las estrellas

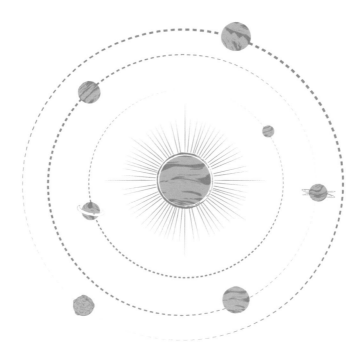

Anuario de los signos solares

SIGNO SOLAR	ES PROBABLE QUE...	EL SIGNO DEL ZODÍACO MÁS...
Aries	Sea presidente	Valiente
Tauro	Se vista de alta costura	Confiable
Géminis	Convierta cualquier ocasión en una celebración	Charlatán
Cáncer	Te dé un abrazo	Considerado
Leo	Gane un Emmy, un Grammy, un Óscar y un Tony (EGOT)	Orgulloso
Virgo	Salve el planeta	Servicial
Libra	Luche por la igualdad y la equidad	Equilibrado
Escorpio	Te hechice	Misterioso
Sagitario	De la vuelta al mundo… Dos veces	Independiente
Capricornio	Tenga millones en el banco	Trabajador
Acuario	Colonice la Luna	Excéntrico
Piscis	Interprete tus sueños	Sensible

Matriz de compatibilidad

Algunos signos funcionan bien juntos; otros tienen muchas probabilidades de vivir en desacuerdo. Pero no te preocupes; no serás enemigo de todos los signos con

	ARIES	TAURO	GÉMINIS	CÁNCER	LEO
ARIES			❤️	⚡	❤️
TAURO				❤️	⚡
GÉMINIS	❤️				❤️
CÁNCER	⚡	❤️			
LEO	❤️	⚡	❤️		
VIRGO		❤️	⚡	❤️	
LIBRA	⚡		❤️	⚡	❤️
ESCORPIO		⚡		❤️	⚡
SAGITARIO	❤️		⚡		❤️
CAPRICORNIO	⚡	❤️		⚡	
ACUARIO	❤️	⚡	❤️		⚡
PISCIS		❤️	⚡	❤️	

los que no concuerdas. Del mismo modo, aunque dos signos sean compatibles, no significa que siempre vayan a estar de acuerdo.

♥ =AMIGO, ⚡ =ENEMIGO

VIRGO	LIBRA	ESCORPIO	SAGITARIO	CAPRICORNIO	ACUARIO	PISCIS
	⚡		♥	⚡	♥	
♥		⚡		♥	⚡	♥
⚡	♥		⚡		♥	⚡
♥	⚡	♥		⚡		♥
	♥	⚡	♥		⚡	
		♥	⚡	♥		⚡
			♥	⚡	♥	
				♥	⚡	
⚡	♥				♥	⚡
♥	⚡	♥				♥
	♥	⚡	♥			
⚡		♥	⚡	♥		

Dúos famosos y sus signos

Las relaciones de estas parejas reconocidas están escritas en las estrellas… ¿o no? Ve a las páginas 168-169 para ver la compatibilidad de los distintos signos y luego lee para comprender los vínculos entre amigos, colegas y amantes famosos.

A$AP Rocky
LIBRA

\+

Tyler, The Creator
PISCIS

Beyoncé
VIRGO

\+

Jay-Z
SAGITARIO

Emily Blunt
PISCIS

\+

John Krasinski
LIBRA

Anderson Cooper
GÉMINIS

\+

Andy Cohen
GÉMINIS

Penélope Cruz
TAURO

\+

Javier Bardem
PISCIS

Snoop Dogg
LIBRA

\+

Martha Stewart
LEO

Tina Fey
TAURO

\+

Amy Poehler
VIRGO

Megan Fox
TAURO

\+

Machine Gun Kelly
TAURO

Neil Patrick Harris
GÉMINIS

\+

David Burtka
GÉMINIS

Príncipe Harry,
duque de Sussex
VIRGO

\+

Meghan Markle,
duquesa de Sussex
LEO

Taraji P. Henson VIRGO	+	Mary J. Blige CAPRICORNIO
King Princess SAGITARIO	+	Quinn Wilson ARIES
John Lennon LIBRA	+	Paul McCartney GÉMINIS
Jason Momoa LEO	+	Lisa Bonet ESCORPIO
Barack Obama LEO	+	Michelle Obama CAPRICORNIO
Oprah ACUARIO	+	Gayle King CAPRICORNIO
Sarah Paulson SAGITARIO	+	Holland Taylor CAPRICORNIO
Brad Pitt SAGITARIO	+	George Clooney TAURO
Megan Rapinoe CÁNCER	+	Sue Bird LIBRA
Rihanna PISCIS	+	Cara Delevingne LEO
Jada Pinkett Smith VIRGO	+	Will Smith LIBRA
Gwen Stefani LIBRA	+	Blake Shelton GÉMINIS
Sophie Turner PISCIS	+	Maisie Williams ARIES
Sofía Vergara CÁNCER	+	Joe Manganiello CAPRICORNIO
Ali Wong ARIES	+	Justin Hakuta LIBRA

Carreras perfectas para cada signo

Algunos signos tienen la predisposición para ser doctores o agentes de bolsa, mientras que otros suelen ser grandes entrenadores o periodistas. Lee a continuación para descubrir los trabajos y los sectores que son ideales para ti.

Aries

Rebosante de confianza en sí mismo y valentía, Aries destaca en los negocios, el entretenimiento, las finanzas, el gobierno, la medicina, el ejército, las relaciones públicas y las ventas. Pero, como líder nato, puede motivar e inspirar a cualquier equipo.

Tauro

Regido por Venus, la diosa de la belleza y la abundancia, Tauro es bueno para la arquitectura, la banca, el entretenimiento y la moda. El excelente sentido del gusto, junto al deseo de adquirir bienes, hace que Tauro sea un talentoso comisario de museos, galerista o diseñador de interiores.

Géminis

Géminis es un gran hablador, por lo que se distingue en carreras que le permiten comunicarse e interactuar con otras personas, como administración, publicidad, comunicación, educación, organización de eventos, recursos humanos, derecho, mercadotecnia, medios de comunicación y ventas.

Cáncer

Debido a que es un cuidador natural, Cáncer prospera en todas las carreras porque siempre trabaja duro con el objetivo de mantener a su familia. En especial, la empatía que lo caracteriza se presta para el cuidado de los niños, la educación infantil, el servicio de alimentos y la restauración, el cuidado de la salud y la medicina, y los bienes raíces.

Leo

Mezcla el amor por ser el centro de atención con la obstinación y el deseo de romper las reglas y obtendrás la receta para la mejor carrera para Leo: liderar una *start-up*. También puedes encontrar a los prósperos Leo en el sector de las prendas de vestir y las joyas, los negocios, el entretenimiento y las finanzas.

Virgo

Virgo analiza lo que está mal en el mundo y pretende solucionarlo, por lo que este signo encuentra su propósito en el activismo medioambiental y la justicia social. El talento de Virgo para organizar información lo lleva a tener carreras de manejo de datos, bibliotecología y todo tipo de investigaciones.

Libra

Con un gran sentido de la justicia y la igualdad, Libra es un gran abogado. Sin embargo, sus habilidades interpersonales y su voluntad para seguir las reglas sin duda funcionan bien en la diplomacia y el Gobierno, la mediación, las relaciones públicas y los deportes.

Escorpio

El secretismo, el aura de misterio y la necesidad intrínseca de privacidad de Escorpio son características ideales para una vida en el espionaje. Pero este signo también puede brillar en carreras relacionadas con la arqueología, la justicia penal, el periodismo de investigación, la psicología y las ciencias.

Sagitario

El aventurero Sagitario adora viajar, por lo tanto, cualquier carrera en la industria del turismo resulta adecuada para ellos, desde auxiliar de vuelo hasta guía turístico. Además, a este signo le gusta compartir su conocimiento. Por eso, el mundo académico, el *coaching*, la industria editorial y la religión están llenos de personas de Sagitario.

Capricornio

Los Capricornio se preocupan por el pasado, especialmente, por sus tradiciones. Esta cualidad los hace brillantes antropólogos, archivistas, comisarios de museo e historiadores. Sin importar el camino que elija, la enorme ética de trabajo de Capricornio lo ayuda a avanzar. Incluso puede tener varios trabajos a la vez.

Acuario

Las personas de Acuario son los inventores del Zodíaco y experimentan constantemente, a menudo, enfocados en ayudar a la humanidad. Este signo orientado al futuro disfruta trabajando en la industria aeroespacial y la tecnología, la ingeniería, la filantropía, la política, las ciencias, el trabajo social y el diseño de páginas web.

Piscis

Piscis tiene éxito en trabajos que requieren pensamiento creativo, desde las artes, el entretenimiento y los medios de comunicación hasta opciones menos obvias, como el emprendimiento, las finanzas y la gestión de proyectos. Con una empatía casi inagotable, este signo también destaca en el cuidado de la salud, la medicina y psicología.

Acerca de la autora

Jessica Allen leyó su primer horóscopo a los nueve años. Desde ese entonces, ha escrito para el *Boston Globe,* CNN, *The Independent, McSweeney's, Mental Floss, The Onion's A.V. Club, The Washington Post, Writer's Digest* y muchas otras publicaciones. Escorpiana que reside en Nueva York, está casada con un virginiano y juntos crían a un taurino.